^{ゼロ}
0からわかる

SPI3の
教科書

2026年度版

これさえあれば。

就活塾ホワイトアカデミー　採用テスト対策室

TAC出版

TAC PUBLISHING Group

SPIを突破できない!!

SPIって何!?
難しそう……

そんな思いを持って、本書を開いてくれた
学生のみなさんに朗報です。

本書は、

SPIへの恐怖心を取り払い
SPIの成績を最大限に向上させる

方法を掲載しています。

SPIが「難しい」といわれる理由として
次の2点が挙げられます。

○ 時間内に解ききれない
○ 問題の解き方自体が
　わからない

これらの問題に対して、
本書では具体的な対策と攻略法を示しています。

SPI の点数が取れない、伸びないのは、

効率のよいやり方を知らないから

というのが本書のスタンスです。

本書を活用して、「効率的に、短期で」
実力を最大限に発揮できるようになり、
第一志望からの内定を得られることを
心からお祈りしております。

著者

CONTENTS

PART 2
非言語分野

PART 3
言語分野

PART

1

SPIとは

まずは、SPIについて全般的に理解を深めましょう。
本章では、SPIで利用される4形式の試験の概要と、
大まかな対策について触れていきます。
具体的な対策をしているかどうかが
正答数にも影響してきますので
しっかりと理解し、準備しておきましょう。

SPIを実施する目的

目的

1

企業が理想とする人材を選ぶ試験

就職活動をするうえで、避けては通れないのが採用試験です。採用試験のなかでも、特に株式会社リクルートマネジメントソリューションズが提供する「SPI3」は、非常にシェアが高く、理想の人材を選ぶためにたくさんの企業が採用しているのが特徴です。また、大企業だけではなく、中小企業もまんべんなく採用しているため、選考対策を行ううえでは、必須といっても過言ではありません。

目的

2

人格・適性が企業に報告される

企業に提出されるSPIの報告書には、テストの結果をもとに、どのような職種が向いているか、コミュニケーションを行ううえで、どのような注意が必要か、**面接でどのような質問をしたらよいかなど**の項目が記されています。右の図をみてもわかるとおり、**能力検査の結果は左上のかなり小さい欄に書かれているだけなので、選考の参考程度にしかなりません。**

SPI	職務適性を測ることが目的
	たくさんの企業が採用

そうなんだ!

言語、非言語などの能力検査の得点は小さい欄でしか記述されていません。

企業に渡される報告書の例

氏名・年齢等	
能力検査の得点欄	回答の誠実さ
職種への適応性	性格面の特徴
組織への適応性	基本 / 仕事 / 困難
コミュニケーション上の注意点	

性格検査の結果は、非常に広い範囲で記述されており、SPIの目的は「職務への適性を測る」ことであることがよくわかります。

SPIの種類

大きく分けて4種類

SPI には、以下の 4 種類のテスト形式があります。

・テストセンター

　SPI の提供元が運営するセンターで受検

・WEB テスティング

　自宅のパソコンなどを使って受検

・インハウス CBT

　企業へ出向き、企業の用意したパソコンで受検

・ペーパーテスト

　企業へ出向き、マークシート方式で受検

このうち、WEB テスティングとインハウス CBT は、問題の傾向が似ているため、**問題解説のページではひとまとまりで解説**を行います。それぞれのテスト形式で、試験の受け方や、受検時の注意点が微妙に異なりますので、この章ではその攻略法をそれぞれ解説していきます。

最近では、テストセンターの利用が多くなっています

① テストセンター

提供元が運営するセンターで受検

性格30分（自宅）／言語・非言語35分

結果の使い回しが可能

② WEBテスティング

自宅のパソコンなどで受検

性格30分／言語・非言語35分

いつでもどこでも受検可能

③ インハウスCBT

企業へ出向いてパソコンで受検

性格30分／言語・非言語35分

受検直後に面接を受けられることがある

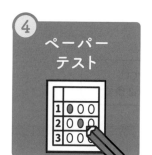

④ ペーパーテスト

企業へ出向いてマークシート方式で受検

性格40分／言語30分／非言語40分

問題全体を見渡せるため、受けやすい

SPIで課される試験科目

4科目あり、性格と基礎能力は必須

SPIには、性格検査、基礎能力検査、英語能力検査、構造的把握力検査の4科目があり、このうち、性格検査と基礎能力検査は、4種類の受検法すべてで必須であり、英語能力検査と構造的把握力検査は、テストセンターでのみ受検するオプション検査となっています。

性格検査………………すべて必須
基礎能力検査…………すべて必須
英語能力検査…………テストセンター（オプション）
構造的把握力検査……テストセンター（オプション）

本書では特に基礎能力検査についての攻略を行いますが、**SPIで最も重視される検査は性格検査である**ということを念頭に置きましょう。

基礎能力検査は避けては
通れないので、対策は必須です

① 性格検査

性格や考え方の特徴などを検査します。職務適性や性格適性、場面ごとの振舞い方など、さまざまな角度から受検者の人間性について分析を行う検査です。

② 基礎能力検査
（言語、非言語）

計算能力や言語能力、論理思考能力を問う検査です。先述のとおり、報告書の左上の小さな欄に受検時の受検者全体での偏差値と、それに基づく7段階の数値が表示されます。

③ 英語能力検査

テストセンターの場合に、選択されることがあるオプション検査です。出題傾向は基礎能力検査の言語分野に近いため、ある程度の対策は可能です。成績の表示は基礎能力に準拠します。

④ 構造的把握力
検査

テストセンターの場合に、選択されることがあるオプション検査です。文章や問題の構造について素早く理解することが求められます。成績の表示は基礎能力に準拠します。

SPI対策で本書が目指す姿

POINT

基礎能力を上げて、第一関門を突破

本書でのSPI対策の目標は、「基礎能力の向上で、第一関門を突破すること」です。

本書は、基礎能力である言語、非言語の分野について、「わかりやすく整理する」ことを念頭において、問題の選択と、解説を行っています。特に非言語分野において、問題文を読んでいる間に、なにがなんだかわからなくなってしまう受検者も多くいるため、非言語分野の文章題を重点的に対策しています。**推論の問題についても、可能な限り図として整理できるように整理法を紹介するようにしました。**

逆に、性格検査などは、よく見せようとせず、「等身大の自分」を正直に表現することをおすすめします。受検者とのフィットを企業側が判断してくれるため、正直に回答することが、最も将来の自分にとってプラスに働くと考えられるからです。

整理をしっかりすることで、基礎能力検査の点数を上げよう!

性格検査

「等身大の自分」を正直に表現する。性格に関しては「企業の求める人間性と合うか」ということに重点を置き、無理に合わせることはしない。

⇩

正直に答えることで、将来的によい就職ができる可能性が上がる。

基礎能力検査
（言語、非言語）

整理方法を本書で学習し、素早く解けるように演習を積む。解答スピードを上げることで、正解数を増やしていくことが目標になる。

⇩

企業の選考ラインを超えられるように成績を伸ばし、面接に進む。

テストセンターの概要

提供元が運営するテストセンターで受検

他のテスト方式とは違い、自宅でも選考を受ける企業でもなく「SPIの提供元が運営するテストセンターで受検する」という点が、テストセンター方式の特徴です。

自宅の PC を使用しないため、受検者の不正行為を未然に防ぎながら、企業の人事の手も煩わせないという点が非常に好評を受け、**SPI 試験のなかでは最も採用率が高い**方式です。

受検者側のメリットとして、「納得のいく結果がある場合、使いまわすことができる」ということが挙げられます。結果の使いまわしをする場合、テストセンターで再度受検する必要がないため、選考をスムーズに進めることができます。

ただし、「最新の結果しか使いまわせない」ため、使いまわしを判断するのは少々難しい点もあります。

性格検査は最初の1回しか
受けられないので、真剣に答えよう

テストセンター試験の特徴

 各都市に設立されたセンターで受検

➡ 東京：お茶の水
　　愛知：名古屋
　　大阪：中津

　　　　　　など

 1年以内の最新結果を使いまわし可能

➡ 基礎能力検査、英語能力検査、
　　構造的把握力検査など、科目に分けて使いまわせる

 センターの受付で本人確認＆ロッカー利用

➡ 電卓の持ち込みや替え玉受検などの不正行為は
　　原則不可能

テストセンターの画面イメージ

画面の例

次の文章を読んで、後の問いに答えなさい

時間
回答状況

この問題は 3 問組です

本文

本文の内容と合致するものを選びなさい

○A ・・・・・
○B ・・・・・
○C ・・・・・
○D ・・・・・

1　2　3

次へ

回答時間 ▮▮▮▮▮▮▮▮▮▮▮▮▮▮▮▮

テストセンターの体験受検などを
使って慣れておきましょう

20

全体の回答状況と残り時間

・外側に、全体時間と残り時間の割合が出ています。
・内側に、全体の問題と残っている問題の割合が出ています。

タブ（組問題のみ）

言語／非言語を問わず、組問題の場合は、タブで問題を切り替えられます。

次へ

次の大問へ進みます。

回答時間

左から右へ色がついたタイルが消えていく形で時間経過が表示されています。

テストセンターの受検フロー

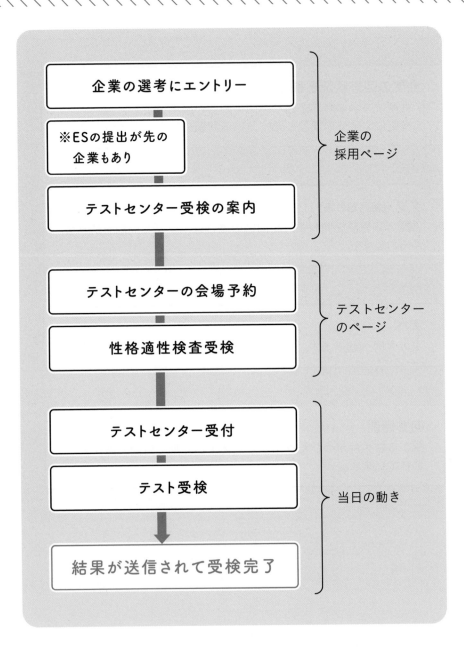

企業の選考にエントリー

※ESの提出が先の
企業もあり

テストセンター受検の案内

企業の
採用ページ

テストセンターの会場予約

性格適性検査受検

テストセンター
のページ

テストセンター受付

テスト受検

結果が送信されて受検完了

当日の動き

受検時の注意

● ESはなるべく早く提出すること

　もし、選考を受ける企業がテストセンターを利用した選考を行う場合、**テストセンターの会場予約ができず、選考の締め切りに間に合わなかった**という事態も十分にあり得ます。そんな事態にならないように、エントリーシート（ES）の提出は締め切りの1週間前には行っておくのが安全といえるでしょう。

● 性格適性は自宅で受検する

　テストセンターの場合、**予約した当日までに性格適性検査を受ける必要があります**。予約当日までに受検しなかった場合、**予約がキャンセルされ、受検することができなくなります。**

● 受付では身分証と受検票をみせる

　いざ受検ということで受付に来ても、身分証と受検票がなければ、本人確認をすることができず、門前払いされることになります。受検票はスマートフォンの画面でもよいので、すぐに出せるようにしておきましょう。

テストセンターを受検するなら、
早め早めに準備をしておこう！

テストセンター受検時の心構え

● **予約した時間の15分前には到着しておく**

　テストセンターの予約時間の直前1時間半程度には予定を入れず、15分前には到着できるように予定を組みましょう。慌てて入場しても、冷静に問題に取り組めませんし、もし（受検票など）忘れ物をしてしまっていたら、取り返しがつかないことになってしまいます。

● **万が一忘れ物や、**
　トラブルなどで遅刻する場合は…

　身分証を忘れていたり、出先のトラブルなどで遅刻をする場合、1時間前までであれば、予約をキャンセルすることができます。まず、1時間前に、受検をするうえで必要な物がそろっているか、15分前に到着できるかを確認しておきましょう。

万が一のことが起こっても、
慌てずに連絡しましょう

● 配られる2枚のA4用紙を有効に使う

テストセンターは、受検前に、筆記用具となる鉛筆とA4用紙2枚が配られます。計算などに使う用紙ですが、**2枚しか配られないので**、大切に使う必要があります。

そのために、図のように折りましょう。こうすることで、表裏2枚で、都合32問分の解答スペースができます。テストセンターの試験は35分間ですし、熟語や単語など、用紙を使う必要のない問題もあるため、十分に使うことができます。

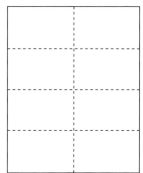

● わからない問題は多少雑に解いて
次へ進んでもよい

SPIの問題では、正答率のデータをとっていないので、正確性か問題数かを考えると、問題数を多く解くことが重視されます。ただし、基本的には早く正確に解くことを意識して解答しましょう。

素早く、かつ正確に解くために
問題内容を整理しよう!

WEBテスティングの概要

POINT

自宅のPCを使って受検する

自宅にあるパソコンを使って行うテストです。この方式のみ、**替え玉受検による成績の歪みが起こるリスク**があります。

自宅で行う WEB テスティングの一番の特徴といえるのが、「いつでもどこでもできること」という点です。極端な話、夜中の 2 時に受検しても問題ありません。そういう意味では、自宅で行う WEB テスティングは学生にとって最もフレキシブルであるといえます。

ただし、電卓の使用などを制限できない試験であるため、電卓を使うことが前提になっています。当然ですが、「ネットカフェなど、他人に覗かれるような環境では解かない」「ネット環境が整っている場所で解く」などの注意書きがされているため、万が一不正が判明した場合、選考が終わってしまうなどのペナルティがあります。

自宅のパソコンを使って受検するので、電卓も使えます

WEBテスティングの特徴

特徴

1 自宅のパソコンを使って試験

➡ いつでもどこでも受けられる
電卓の使用が前提になっている
テストセンターと形式は異なる

特徴

2 ネット環境の整った個室が必要

➡ カフェのWi-Fiを利用するのであれば、通信環境が
安定している学校のパソコンで受検するほうがよい

特徴

3 不正行為をしている人もいる

➡ 言語や非言語の結果はあまり重視されない
可能性もある（対策が不要なわけではない）

WEBテスティングの画面イメージ

画面の例

次の文章を読んで、後の問いに答えなさい

時間

回答状況

この問題は3問組です

本文

答え

次へ

回答時間

受検する際は、ネット環境の整った場所で
パソコンと計算用紙、電卓を用意しましょう

テストセンターに近いけど、
「回答欄」が存在しますね

全体の回答状況と残り時間

・外側に、全体時間と残り時間の割合が出ています。
・内側に、全体の問題と残っている問題の割合が出ています。

回答欄

非言語分野の文章題や、言語分野の抜き出し問題などで、選択肢ではなく、キーボードによる回答欄への入力が求められます。

次へ

次の大問へ進みます。

回答時間

左から右へ色がついたタイルが消えていく形で時間経過が表示されています。

WEBテスティング
（自宅受検）の受検フロー

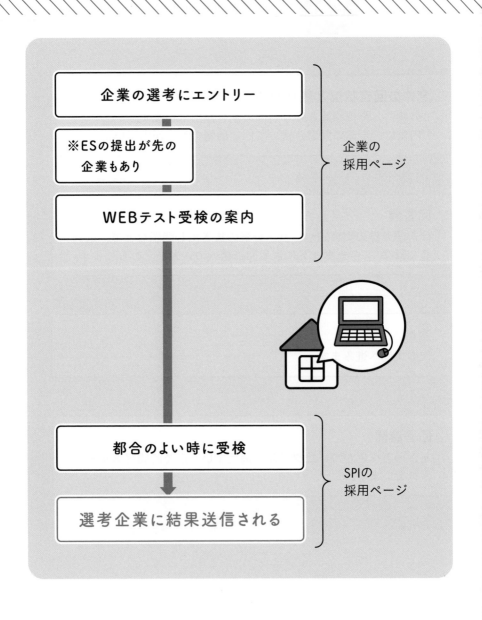

企業の選考にエントリー

※ESの提出が先の
企業もあり

WEBテスト受検の案内

企業の
採用ページ

都合のよい時に受検

選考企業に結果送信される

SPIの
採用ページ

受検時の注意

● 環境の整った場所を選ぶ

　1度しか受検できないうえに、自分でパソコン環境を整備する必要があります。MacBookやLinuxを使っている人は、Boot Campや仮想マシンを使ってWindowsを立ち上げる方法もありますが、安定した環境で受けるためには、大学にあるWindowsの端末で受検するのがよいでしょう。

● 電卓を手元に用意する

　WEBテスト形式の採用試験は、SPIに限らず、すべての試験で電卓を使うことになります。そのため、WEBテストを受検する場合は、手元に電卓を用意して臨むようにしましょう。

他の形式と同様、中断は
しないつもりで受けましょう

インハウスCBTの概要

POINT

企業に出向いてPCで受検

選考を受ける企業に直接出向き、企業が用意したパソコンを使って受検する方式です。この方式を使うのは**ほとんどが中途採用**であるため、新卒ではめったにお目にかかれないでしょう。基本的には、前述のWEBテスティングと同様の問題が出てくるため、対策の仕方はWEBテスティングと同じになります。

ただし、企業に出向くという特徴があるため、ペーパーテストと同じく、受検時の身だしなみやPCの扱いなどといった所作には十分注意しましょう。

また、ペーパーテストとの違いとして、受検結果がすぐに出るという点が挙げられます。そのため、**受検直後に受検結果を参考とした一次面接が開かれる**ことがほとんどなので、一次面接の対策も併せて行うことをおすすめします。

試験と面接をほぼ同時に行うので、
試験よりも面接に力を入れよう

インハウスCBTの特徴

1 企業に出向いてPCで受検

⇒ 問題形式はWEBテスティングに近い
　　滅多に出くわさない（中途採用が基本）

2 身だしなみやPCの扱いに注意

⇒ 企業に出向くので、受検時の身だしなみを
　　整えるとともに、備品のPCを丁寧に取り扱うこと

3 受検結果がすぐわかる

⇒ たいていの企業では、受検後すぐに一次面接なので、
　　面接対策を忘れずに

インハウスCBTの画面イメージ

画面の例

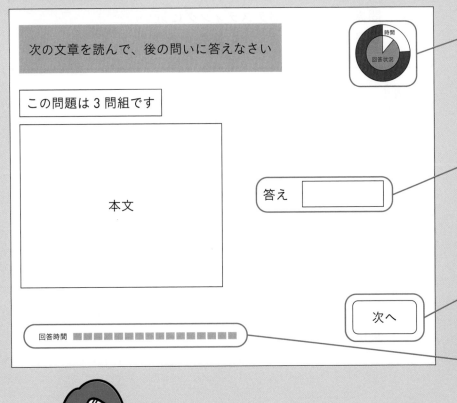

次の文章を読んで、後の問いに答えなさい

時間

回答状況

この問題は3問組です

本文

答え

次へ

回答時間

基本はWEBテスティングと
同じです

全体の回答状況と残り時間

・外側に、全体時間と残り時間の割合が出ています。
・内側に、全体の問題と残っている問題の割合が出ています。

回答欄

非言語分野の文章題や、言語分野の抜き出し問題などで、選択肢ではなく、回答欄への入力が求められます。

次へ

次の大問へ進みます。

回答時間

左から右へ色がついたタイルが消えていく形で時間経過が表示されています。

インハウスCBTの受検フロー

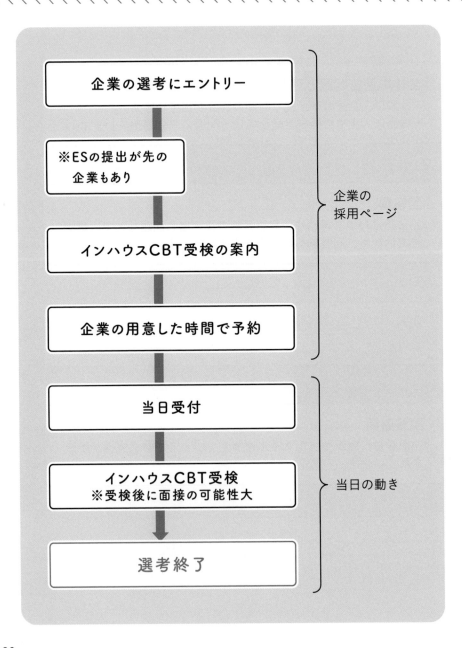

企業の選考にエントリー

※ESの提出が先の
企業もあり

インハウスCBT受検の案内

企業の用意した時間で予約

企業の
採用ページ

当日受付

インハウスCBT受検
※受検後に面接の可能性大

選考終了

当日の動き

受検時の注意

● 身だしなみや所作に注意

テストセンターやWEBテスティングと異なり、企業に直接出向いての受検となるため、企業での受検態度や身だしなみなどをチェックされます。

また、受検に使うパソコンは会社の備品です。つばが飛んだり、手汗がついてしまわないように、丁寧に扱いましょう。落としたり、投げたりするのはもってのほかです。

● 直後に面接があると思っていくこと

企業に出向いて受検することと、受検結果がすぐに出るという特性上、SPIの受検直後に面接が行われると考えてよいでしょう。

● 余裕をもって準備をする

テストセンターでの受検と同様かそれ以上に、遅刻に厳しいと思いましょう。移動時間を含めた前後1時間には予定を入れず、万全の気持ちで受検できるように準備を進めておきましょう。

受検中の態度も企業はみているので、余計な動作をしないように！

ペーパーテストの概要

POINT

選考を受ける企業に出向き、紙で受検

SPIのなかで、唯一パソコンを使わずに受検をする方式です。選考を受ける企業に直接出向き、鉛筆と消しゴムを使ったマークシート方式で回答をしていきます。

マークシートを使って企業で受検するという性質上、企業を訪問して受検するという方式が多く、企業のオフィスを覗いたり、雰囲気をつかむことができる可能性があります。

ただし、**企業も就活生の顔や雰囲気をつかむ目的であえて訪問させていることもありうる**ため、だらしない恰好で行ったり、鉛筆や消しゴムを粗末に扱うなど、備品を大事にしない態度をとるのはよくないでしょう。

また、このテストの前後に、SPIの結果を踏まえずに面接を行うこともあるので、面接を受ける心構えで行きましょう。

マークシートなので、回答の位置を間違えるなど、変なミスをしないようにしましょう

ペーパーテスト試験の特徴

特徴 1 問題用紙とマークシートを使った筆記試験

➡ 企業に直接出向いて受ける
企業の雰囲気がわかるかもしれない
本人が受けるしかない

特徴 2 受検の結果はすぐには出ない

➡ 受けて終わりの場合もあれば、結果を踏まえずに
面接をする企業もある

特徴 3 受検時の態度が企業に伝わる

➡ 身なりや鉛筆の使い方、消しゴムのカスの処理など、
テスト以外の部分もみられるので注意

ペーパーテストの受検フロー

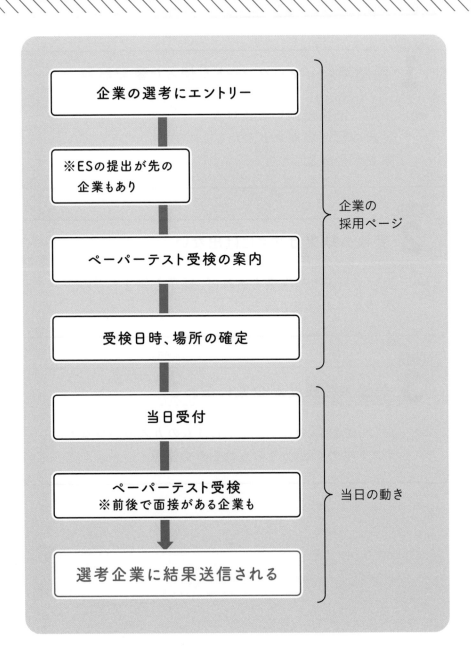

企業の選考にエントリー

※ESの提出が先の企業もあり

ペーパーテスト受検の案内

受検日時、場所の確定

企業の採用ページ

当日受付

ペーパーテスト受検
※前後で面接がある企業も

選考企業に結果送信される

当日の動き

受検時の注意

● 面接と思って身だしなみを整えること

前のページでも述べたとおり、企業の人に直接会って受検することになるため、服装、筆記用具の使い方など、就活生の人間性が如実に表れる部分を常に意識しながら臨むことが必要になります。

● 余裕を持って準備をする

インハウスCBTと同様、企業での受検になるので、1次面接などと同じように、遅くとも15分前には企業の受付にいるようにしましょう。遅刻はもってのほかです。万が一遅刻する場合、必ず電話で連絡を入れるようにしましょう。

● 消しゴムのカスの処理や備品の返却に注意する

1つ目の身だしなみのところでも述べましたが、鉛筆と消しゴムという、大学生になってからあまり使わない人もいる筆記用具を使用するため、「消しゴムのカスを飛び散らかす」「うっかり鉛筆を持ち帰る」という行動をしてしまう人がいます。消しゴムのカスはまとめてゴミ箱に捨て、鉛筆は必ず返却するようにしましょう。

企業も受検態度を選考の参考にしているので要注意！

SPI以外の対策は必要？

企業が実施する採用試験には、
SPI以外にも玉手箱やTG-WEBなどの種類があります。
それぞれに対策が必要なのでしょうか？

- -

　結論からいえば「シェアが高いSPI・玉手箱・TG-WEB・GAB/CABだけ対策すれば十分」です。それ以外の試験については、企業からの受検案内のメールで種類を確認し、出題形式などを予習する程度でよいでしょう。受検する他の学生も、すべての試験について対策している時間はないことからも、上に挙げた4種類の試験の対策で十分だといえます。

　では、具体的にどのような対策をする必要があるのか、という点ですが、基本的な対策は、「出題形式を調べ、例題を解いて問題形式に慣れる」ことです。特に玉手箱は、言語分野、非言語分野共に問題が特徴的であるため、対策をしておく必要があります。

　次に「出題される問題量や制限時間を調べ、時間配分を決めておく」ことです。各試験は、基本的に「学生がすべて解けるより多い分量を出題」しています。ですから、全問解けるようには設定されていません。自分が解ける問題数を見極め、正解数が必要ならば、残る問題はすべてでたらめに回答しておく、という方針を決めてしまったほうが、安心して受検することができるでしょう。

　本書での非言語、言語の問題の知識は、それらの試験対策にも役立つはずですから、しっかり読み込みましょう。

2

非言語分野

本章から、実際に問題を解きながら、
SPIの対策をしていきます。まずは、非言語分野です。
基本的には小中学生で習った知識があれば十分ですが、
問題量が非常に多いというのが難点です。
本書では、その解消策として
図などを使って問題を整理することを提案しています。

非言語分野攻略の基本方針

── 攻略の基本は「わかるところだけ解く」──

　この章からは、本格的にSPIの攻略を行っていきます。まず、攻略の方針として「**わかるところだけ解く**」ということを心掛けましょう。

　では、わからない問題はどうするのかというと、「とりあえずマークをして、次の問題に行く」という方針になります。**わかる問題は速く解いて、わからない問題はさっさと飛ばす。わかりそうな問題に時間をかけるようにしましょう。**

　また、難しい問題を解けることよりも、解ける問題を間違えないことのほうがずっと大事です。

💥攻略の方針

わかる問題	ミスなく速く解く
わかりそうな問題	速く解く
わからない問題	マークだけ(飛ばす)

本章の構成

　この章では、SPIで出題される問題のなかで、「簡単にわかりやすいものから」攻略をしていきます。

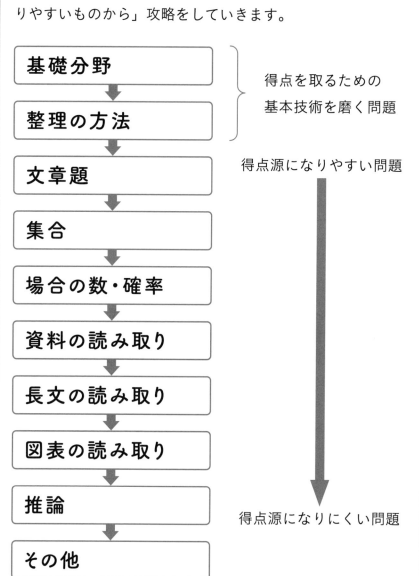

基礎分野

整理の方法

　　　得点を取るための
　　　基本技術を磨く問題

文章題

得点源になりやすい問題

集合

場合の数・確率

資料の読み取り

長文の読み取り

図表の読み取り

推論

得点源になりにくい問題

その他

1 基礎分野
四則計算❶

 次の計算をしなさい。

(1) $27 \times (-37) + 7 \times 11 \times 13 - 92 \times 4 + 9 \times (-48) - (17+24) \times 43 + 43 \times (-59)$

(2) $-0.25 \times 7 \times (-8) \times 0.5 \times 0.125 \times 8 + 134 - 52 + 66 + 54 - 148 + 27$

POINT

速さよりも正確さを意識する

SPI3 を解くうえで、最も頻繁に登場するのは、整理の技術でもなければ、仮定をして考えることでもありません。筆算をはじめとする、**「掛け算、足し算」が最も多く登場**します（割り算や引き算はその次ぐらいです）。そのため、**四則計算を、筆算、暗算を含めて正確に解答する**ことは、非常に重要になってきます。

数学が苦手だったために、大学受験で数学を必要としない学科を選んだ皆さんも、ここは計算だけでよいので、しっかり復習していきましょう。

POINT

工夫して計算を楽にする

計算問題で、複雑な計算を求められるときは、法則を使うことや、**10や100などのわかりやすい数字をつくる**ように工夫することで、簡単な計算にすることができます。

[結合法則] 3つ以上の足し算、掛け算はどこから計算してもよい

$$4+5+6=(4+6)+5=15$$

[分配法則] （ ）の中の足し算に、外の掛け算を分配できる

$$(8+9)×7=8×7+9×7=56+63=119$$

[分配法則の逆] 同じ掛け算のものをまとめることができる

$$16×3+16×17=16×(3+17)=16×20=320$$

●簡単な式にする例

$0.125 × 8 = 1$
$0.25 × 4 = 1$
$25 × 4 = 100$
$125 × 8 = 1000$
覚えてしまうと速い

$26 + 74 = 100$
$54 + 46 = 100$
$272 + 728 = 1000$
$467 + 533 = 1000$
1の位だけ足して10
あとは足して9になる

●解答・解説

(1) 結合法則を使い$27 = 9×3$とします。分配法則の逆も使いましょう。

$$9×\underline{3×(-37)}+77×13-23×16+27×(-16)-43×(41+59)$$

　　　ココが-111になる（「$3×37=111$」を覚えておくと便利）

$$=-999+1001-16×(23+27)-4300$$

$$=2-800-4300=-5098$$

正解　　-5098

(2) 結合法則や分配法則の逆を使うことで簡単な式にすることができます。

$$-0.25×(-4)×7×2×0.5×1+2×(67-26+33-74)+27×(2+1)$$

$$=7+0+81=88$$

正解　　88

2 基礎分野
四則計算❷

入門問題

 次の計算をしなさい。
- (1) $11+12+13+14+15+16+17+18+19+20$
- (2) 10125×9992
- (3) 9996×10004

 POINT

中高の数学の公式を使う

SPI3 は中高の数学の公式を知らなくても解くことはできます。しかし、公式を知っているだけで格段に計算が楽になることもあるので、使える人は積極的に活用しましょう。

●等差級数の公式

$$\sum_{k=1}^{n} k = \frac{1}{2}n(n+1)$$

●乗法公式

$(x+a)(x+b) = x^2 + (a+b)x + ab$

$(x+a)(x-a) = x^2 - a^2$

●解答・解説

(1) 等差級数の公式を使い、1～20までの和から、1～10までの和を引きます。

$$\sum_{k=1}^{20} k - \sum_{k=1}^{10} k = \frac{1}{2} \cdot 20 \cdot (20+1) - \frac{1}{2} \cdot 10 \cdot (10+1) = 210 - 55 = 155$$

公式を知らなくても、10を作っていくことで簡単に計算ができます。

$11+12+13+14+15+16+17+18+19+20$

$=10+1+10+2+10+3+10+4+10+5+10+6+10+7+10$

$\quad +8+10+9+10+10=10 \times 11+\underbrace{1+9}_{10}+\underbrace{2+8}_{10}+\underbrace{3+7}_{10}+\underbrace{4+6}_{10}+5$

$=155$

> **正解** 155

(2) 純粋に筆算するのではなく、乗法公式が使えるように式を変形させると計算が楽になります。

$10125 \times 9992 = (10000+125) \times (10000-8)$

$= 10000^2 + (125-8) \times 10000 + 125 \times (-8)$

$= 100000000 + 1170000 - 1000$

$= 101169000$

> **正解** 101169000

(3) こちらも乗法公式を用いると、簡単になります。

$9996 \times 10004 = (10000-4) \times (10000+4) = 10000^2 - 4^2$

$= 99999984$

> **正解** 99999984

PART **2**

非言語分野

49

3 基礎分野 割合❶

割合とは

「19,800円の洗濯機が2割引き、さらにポイント還元が15％！」。こんなうたい文句を家電量販店の広告で見たことがあるでしょう。ほかにも私たちのまわりには、「内閣支持率は39％でした」「今年の花粉のピークは去年の3倍！」などといった「割合を含む文章」がたくさんあふれています。

本書では、SPIで出題されるこれらの問題を「割合の問題」と称して体系的に紹介をしていきます。そのうえで、割合の基本中の基本の概念について、まずは理解しておきましょう。

まず、SPIの割合の問題を解く際には、

〇の□倍は△という形などに置き換えて考えることが重要

です。

これは、割合の問題を整理する際に、必ずといっていいほど、掛け算の表「のひのひ表」（70ページ）や、食塩水の整理「塩てんとう」（108ページ）などに置き換えることになるためです。

(1)「3/28の7/8倍」は2の何倍か
(2) 3は「2.4の75/48倍」の何倍か
(3) 5の「256/11倍の121/64倍」は何か

 **POINT**

問題文を「〇の□倍は△」に置き換えて、「〇×□＝△」の形に直す

割合の問題を解答する際には、「〇の□倍は△」に置き換えて、「〇×□＝△」の形に直すようにしましょう。そこまで直せば、あとは割り算や掛け算の計算をするだけになります。

● 解答・解説

問題文を「〇の□倍は△」に置き換えて、「〇×□＝△」の形に直します。

(1)「2の□倍は3/28の7/8倍」なので「2×□＝3/28×7/8」
　　よって、□＝3/32×1/2＝3/64（倍）

> 正解　3/64倍

(2)「2.4の75/48倍の□倍は3」なので「3＝2.4×75/48×□」
　　よって、□＝3×4/15＝4/5（倍）

> 正解　4/5倍

(3)「5の256/11倍の121/64倍は△」なので「5×256/11×121/64＝△」
　　よって、△＝5×256/11×121/64＝220

> 正解　220

4 基礎分野
割合❷

 (1) 500円の2割増しはいくらか。
(2) 800円の3割引きはいくらか。
(3) 20%引きして720円になった。元値はいくらか。
(4) 400円を何割増ししたら520円になるか。

POINT

□倍の部分が「割引き」や「割増し」に

SPIで出題される割合の問題では、「○円の□割引き（あるいは□割増し）は？」というような形で聞かれます。「□割引き」「□割増し」というような表現の場合は、次の例のように置き換えて考えましょう。

●□割増し

3割増し ⇒ ×（1＋0.3）
0.3が3割、＋が増し

●□割引き

2割引き ⇒ ×（1−0.2）
0.2が2割、−が引き

●解答・解説

(1) 500円の2割増しを考えます。

「2割」「増し」なので、「0.2」を「足し」ましょう。

$$500 \times (1+0.2) = 600（円）$$

0.2が2割、＋が増し

正解　600円

(2) 800円の3割引きを考えます。

「3割」「引き」なので、「0.3」を「引き」ましょう。

$$800 \times (1-0.3) = 560（円）$$

0.3が3割、－が引き

正解　560円

(3) 20%引きして720円になる値段を考えます。

「20%」「引き」なので、「0.2」を「引き」ましょう。

$$○ \times (1-0.2) = 720（円）$$

0.2が2割、－が引き

$$○ = 720 \div 0.8 = 900（円）$$

正解　900円

(4) 400円を□倍して520円になるので、

$$400 \times □ = 520$$

$$□ = 520 \div 400 = 1.3$$

割増しの割合について問われています。1に0.3が足されているので「3割増し」が答えになります。

正解　3割増し

5 基礎分野
速さ❶

速さって、なに?

小学校の理科や、中学の数学で頻繁に出題される速さの問題ですが、そもそも「速さ」というのはどういう意味なのでしょうか。言語化して考えてみましょう。

POINT

速さは「単位時間で進む距離」

単位時間とは、1秒、1分、1時間など、
距離とは、m、km などの長さ
を示します。なので、
秒速○m→ 1秒当たり○m進む
分速○m→ 1分当たり○m進む
時速○km → 1時間当たり○km 進む
という意味を示します。

つまり、ある物体が速いか遅いか、というのは、同じ時間のなかで進む距離が長いかどうかをもとに考えている、ということになります。また、時間当たりに進む距離ということで、速さに関する基本公式も挙げておきましょう。

速さの基本公式「はじきの式」

速さの問題を解く際には、「は・じ・き・の式」を意識しながら解いていきましょう。

$$\underset{\text{はや}}{速さ} \times \underset{\text{じ かん}}{時間} = \underset{\text{きょ り}}{距離}$$

例えば、時速60kmで3時間走れば、180km進むということであれば、簡単に理解できるでしょう。しかし、実際の問題では、**2人の人物が出てきたり、1人の人でも速さが変わったり**と、ややこしいパターンがたくさん出てきます。このような問題が出てきたときに、整理をする方法として、のちほど「のひのひ表」や「線分図」といったツールを紹介していきます。これらのツールは、上の掛け算をもとにしてつくられているため、基本であるこの式を忘れないようにしておきましょう。

次のページでは、実際にこの「はじきの式」を利用して、問題を解いてみましょう。

6 基礎分野

速さ❷

〔受検方式〕
テストセンター WEB／インハウス ペーパー

入門問題

 時速36kmで走る車について、以下の問いに答えなさい。
(1) この車は、分速何mか。
(2) この車は、秒速何mか。

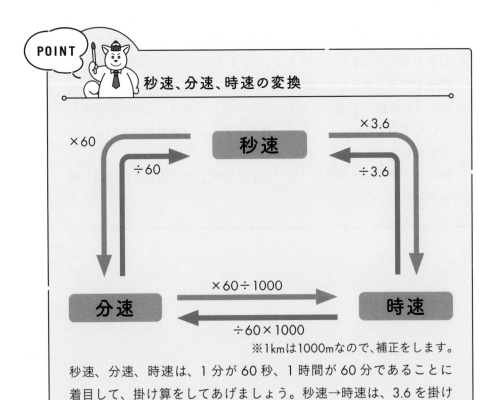

秒速、分速、時速は、1分が60秒、1時間が60分であることに着目して、掛け算をしてあげましょう。秒速→時速は、3.6を掛けることを覚えておくと速く計算できます。

POINT

はじきの式を使う

同じ速さを表していても、秒速、分速、時速では数値が違うので、縦に並べて整理しましょう。これが、のちの「のひのひ表」になります。

	速さ	×	時間	=	距離
時速	36km/h	×	1時間	=	36km
分速	?m/分	×	60分	=	36000m
秒速	?m/秒	×	3600秒	=	36000m

どれも「1時間」を示しています。

●解答・解説

(1) ?m/分＝36000m÷60分＝600(m/分)

> **正解** 分速600m

(2) ?m/秒＝36000m÷3600秒＝10(m/秒)
「秒速×3.6＝時速」を使って、
36÷3.6＝10(m/秒)
と解いてもよいでしょう。

> **正解** 秒速10m

例題

📖 弟の身長は125cmである。兄の身長が弟よりも23cm高いとき、兄の
身長は何cmか。

POINT

大きさを長さで表す「線分図」

非常に簡単な問題ですが、割合や順位の基礎になる問題です。「線
分図」という整理法について勉強しましょう。

●線分図の書き方

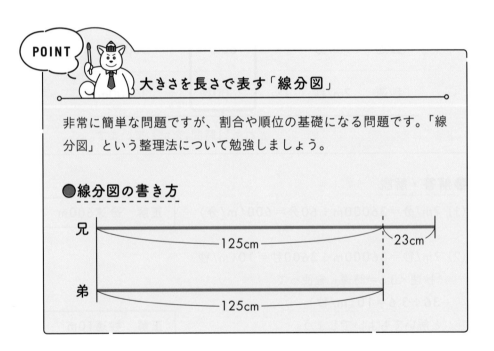

兄 ⟨―――125cm―――⟩ 23cm

弟 ⟨―――125cm―――⟩

●解答・解説

まず、線分図は、「線分の長さで、量の多さや距離などを表す」ための図です。今回の場合、身長の高さを線分の長さで示しています。

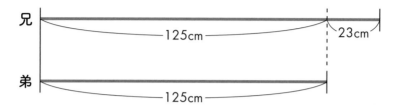

2人の身長の長さを比べることが必要になるため、左端をそろえて兄の身長と弟の身長、2本の線分図を縦に並べました。

弟の身長である125cmの部分が同じで、そこからさらに23cmの長さが兄の身長であることが、この図からわかります。

125＋23＝148（cm）

正解	148cm

PART

2

非言語分野

8 整理の方法
線分図❷

例題

兄と弟で貯金比べをした。兄は弟よりも800円多くもっており、2人の合計は4000円だった。このとき、兄はいくらもっているか。

POINT

同じ長さや、長さの差に注目！

線分図の書き方は、先ほどの問題と同じです。今回の問題では、足し算の答え（和）と、引き算の答え（差）がわかっています。それぞれを、線分図に表すと、以下のようになります。

●線分図の書き方

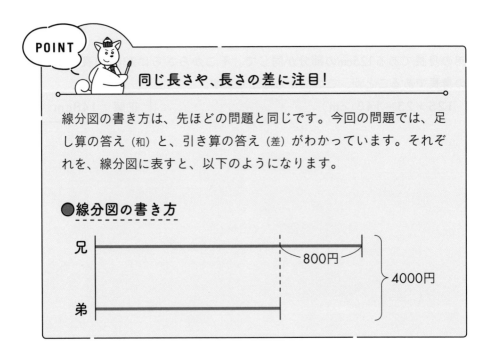

● 解答・解説

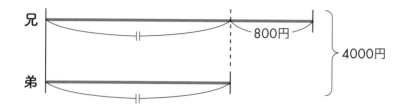

弟の長さに注目すると、弟の所持金の2倍が、3200円なのに気づくでしょう。

弟2人分	$4000 - 800 = 3200$（円）
弟1人分	$3200 \div 2 = 1600$（円）
兄	$1600 + 800 = 2400$（円）

という形で解答できます。

正解　2400円

このような、2つの要素の和と差がわかっているときに、それぞれの値を求めるような問題のことを、「和差算」と呼びます。公式もあるので、余裕があれば覚えてしまいましょう。

　大きいほう ＝（和＋差）÷2

　小さいほう ＝（和－差）÷2

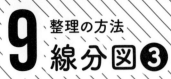

9 整理の方法
線分図❸

例題

📖 Aさんは250ページある本の、全体の10分の1を読んだ。あと、何ページ残っているか。

POINT

割合が絡む場合も線分図は使える

「ものの量を線の長さで表す」のが線分図の考え方なので、割合の問題でも線分図を使うことが可能です。例題のような**本を読む問題や、分割払いの問題**（96 ページ参照）であれば、有効に使うことができます。

●線分図の書き方

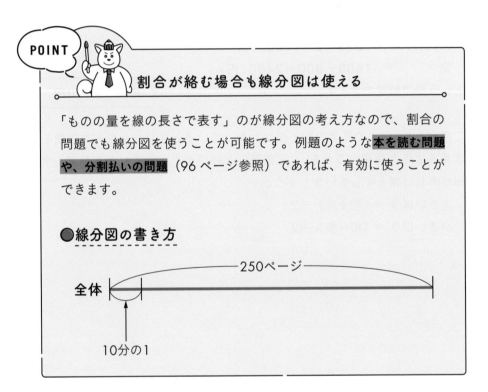

●解答・解説

本の全体である250ページを全体の長さにして、10分の1に当たる長さを区切り、残った長さが全体のどれだけになるかを考えると、簡単に解けます。

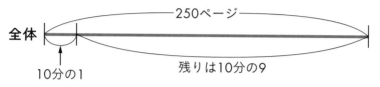

※図を書くときは厳密に全体の長さの10分の1でなくて構いません。

これらの内容から、残りのページは全体の10分の9なので、残りページは、

$$250 \times 9/10 = 225（ページ）$$

正解	225ページ

10 整理の方法
線分図❹

例題

📖 Aさんの月の給料は40万円である。所得税が給料の25%であり、残った額の20%を貯蓄するとき、Aさんが月間に貯蓄する金額はいくらか。

POINT

残り→線分図を切り取る

割合を線分図で考えるとき、「もとの量」が「全体」なのか、「残り」なのかを考える必要があります。そして、「残り」のときは、線分図を切り取ってしまうのがわかりやすいでしょう。

●線分図の書き方

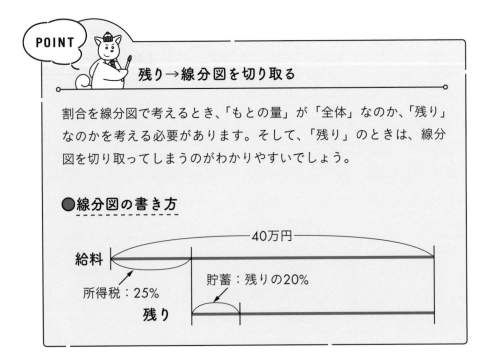

給料　　40万円
所得税：25%
貯蓄：残りの20%
残り

●解答・解説

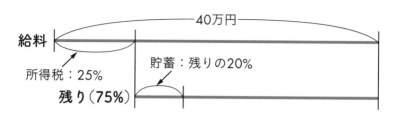

まず、給料の25%が所得税なので、残りは給料の75%ということになります。貯蓄をするのは、残った給料の75%からなので、線分図は上のようになります。

　残り：　　40×0.75＝30（万円）
　貯蓄：　　30×0.2＝6（万円）

正解　　6万円

この問題を通じて、「残りの〇％」という表現を扱いました。より上位の問題になると、「残りの〇％」のあとに、さらに「全体の〇％」などの数値が出てきたりします。この場合は、全体を示す上の線分図に書き込むのがよいでしょう。

11 整理の方法
線分図❺

例題

📖 時速60kmで3時間走ったとき、走った距離は何kmになるか。

速さの問題でも線分図

線分図は速さの問題を解答するツールとしても使うことができます。速さの線分図では、**上に距離、下に時間を書きます。**
また、単位を書き込むことで、単純なミスを防ぐことも可能です。

●速さの線分図の書き方

●上に距離、下に時間の理由
速さ×時間＝距離の公式から、速さを求めるときは、距離÷時間になります。分数の考え方で、どちらで割ればよいのかが一目瞭然になるため、時間が下になっています。

●解答・解説

問題文に沿って速さの線分図を描くと、下のようになります。

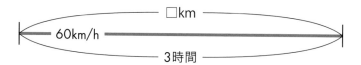

速さ×時間＝距離なので、求める距離は

$$60 \times 3 = 180\,(\mathrm{km})$$

正解	180km

12 整理の方法
線分図❻

例題

📖 たくや君は、家から学校まで歩きで30分、自転車で10分で到着する。
ある日、自転車での速さを調べたところ、毎時12kmということが
わかった。
たくや君が歩く速さは毎時何kmか。

POINT

速さの線分図では、線分図の長さは距離

速さの線分図は、ほかの線分図と違い、「距離」と「時間」の2つ
が書かれています。基本的には、線分図の長さは距離の長さと思っ
て書きましょう。
「距離を上に時間を下に」と、「単位を書き込む」ことを忘れずに行い、
ミスを減らしましょう。

● **速さの線分図**

●解答・解説

問題文の内容を線分図に表すと、以下のようになります。

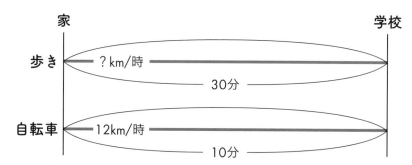

自転車の線分図に注目すると、家から学校までの距離がわかります。

12km/時　　×1000　÷60＝200（m/分）…分速

　　　　kmをmに　時間を分に

200m/分×10分＝2000（m）…家と学校の距離

ここから、歩きで学校まで行く速さがわかります。

2000m÷30分 ＝ $\frac{200}{3}$（m/分）…分速

分速が出たので、時速に直しましょう。

$\frac{200}{3}$m/分　　×60　÷1000＝4（km/時）

　　　分を時間に　mをkmに

正解　毎時4km

13 整理の方法
のひのひ表❶

例題

📖 1個120円のりんごを10個、1個100円のみかんを24個買った。合計で、いくらになるか。

POINT

二次元の表「のひのひ表」とは？

問題自体は非常に簡単で、式ひとつで解けてしまうことは、百も承知です。

では、この問題を通して何を伝えたいのかというと、

単位当たりの量を扱う問題は、表にして整理しなさい

ということです。

なぜ「のひのひ表」というのかというと、「〜の比」×「〜の比」＝「〜の比」という形で、比同士での掛け算にも利用できるからですが、本書では比を扱っていないため、名前のみの登場となります。

● のひのひ表のつくり方

のひのひ表は、次のような式の形にしてつくります。

> 項目名：単位当たりの量 × 単位量 ＝ 総量

●解答・解説

例題の場合の「のひのひ表」は、次のような表になります。

項目名	1個当たりの価格	×	個数	=	総額
りんご	120円	×	10個	=	1200円
みかん	100円	×	24個	=	2400円

よって、りんごとみかんの合計金額は、

　1200＋2400＝3600（円）

となります。

　正解　3600円

のひのひ表を使って解ける問題には、次のようなものがあります。

商売算	1個当たりの価格　×　個数　＝　総額
食塩水	濃度　×　食塩水の重量　＝　食塩の重量
比重など	比重　×　体積　＝　重量

つまり、「掛け算の式で表される関係」であれば、何でも「のひのひ表」
になるというわけです。

14 整理の方法
のひのひ表❷

例題

Aさんは、120円のりんごを何個かと、140円の桃を3個注文したところ、900円になった。
Aさんは、りんごを何個買ったか。

POINT

暗算で解ける人も整理する

実戦の SPI であれば、暗算で解いてしまっても問題ありません。今回は「のひのひ表に慣れる」ことが目的なので、のひのひ表を書くことを優先しましょう。

●実際にのひのひ表を書くと

項目名	1個当たりの価格	×	個数	=	総額
りんご	120円	×	＿個	=	＿円
桃	140円	×	3個	=	420円

合わせて 900 円

●解答・解説

①りんごの総額は引き算で出せます。

900－420＝480（円）

項目名	1個当たりの価格	×	個数	=	総額
りんご	120円	×	＿個	=	480円
桃	140円	×	3個	=	420円

合わせて900円

②りんごは1個120円なので、個数を割り算で出します。

480÷120＝4（個）

項目名	1個当たりの価格	×	個数	=	総額
りんご	120円	×	4個	=	480円
桃	140円	×	3個	=	420円

合わせて900円

正解	4個

15 整理の方法
のひのひ表❸

例題

📖 Aさんは、りんごを4個、150円の桃を5個買ったところ、1190円になった。
りんごは1個いくらか。

POINT

どちらがわからなくても解ける

のひのひ表をつくる理由は「なにがわかっていて、なにがわかっていないのか」を整理するためです。前ページでは個数がわからなかったわけですが、今回は価格がわからない状態です。

●実際にのひのひ表を書くと

項目名	1個当たりの価格	×	個数	=	総額
りんご	＿＿円	×	4個	=	＿＿円
桃	150円	×	5個	=	750円

合わせて 1190 円

● 解答・解説

① りんごの総額は引き算で出せます。

1190－750＝440（円）

項目名	1個当たりの価格	×	個数	=	総額
りんご	＿＿円	×	4個	=	440円
桃	150円	×	5個	=	750円

合わせて1190円

② りんごの1個当たりの価格を割り算で出します。

440÷4＝110（円）

項目名	1個当たりの価格	×	個数	=	総額
りんご	110円	×	4個	=	440円
桃	140円	×	5個	=	750円

合わせて1190円

正解　110円

16 整理の方法
未知数の ① ❶

例題

📖 りんごを5個買うと700円になる。1個はいくらか。

POINT

未知数を簡単にしよう

この問題自体は割り算ひとつで解答できますが、ここでは未知数の
考え方を再考します。まず、これまで数学で習ってきた「1個の値
段を x とする」という考え方を変えましょう。非言語の問題を解く
とき、わざわざ「2x」と書いていると、時間が足りなくなりますし、
見返したときに頭に入ってきません。ですから、「2x」ではなく「②」
などと記述しましょう。こうすると、どれが未知数か一目でわかり、
書くときも簡単です。

りんご1個の値段をx円とします。

りんご5個が700円なので、

$5x = 700$

$x = 700 \div 5$

$= 140$(円)

$$\boxed{\text{正解} \quad 140\text{円}}$$

りんご1個の値段を①円とします。

りんご5個が700円なので、

⑤$= 700$

①$= 700 \div 5$

$= 140$(円)

$$\boxed{\text{正解} \quad 140\text{円}}$$

未知数の ① ❷

例題

📖 ある商店では、りんご1個の値段は120円である。このりんごに1個ずつの包装をして20個購入したところ、3000円になった。りんご1個当たりの包装額はいくらか。

POINT

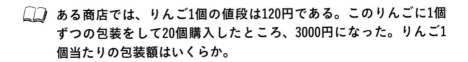

今までの未知数と扱いはほぼ同じ

○の扱いは基本的に x と同じで、中に書いている数字が変化するだけです。ですから、○がついた数字に数字を掛ける場合はそのままでよいでしょう。ただし、注意点が 2 点あります。1 つ目の注意点として、○がついた数字にただの数字を足すことはできません。○がついた数字には、別の数字が掛かっているからです。注意すべき点の 2 つ目は、x 同士を掛けた x² のようなものを記述できない、ということです。◎などのようにして記述することは、絶対にしないでください。

中学数学の場合……

包装額を x とします。

$$(x+120) \times 20 = 3000$$
$$20x + 2400 = 3000$$
$$20x = 3000 - 2400$$
$$= 600$$
$$x = 600 \div 20$$
$$= 30 （円）$$

> 正解　30円

本書の場合……

包装額を ① とします。

$$(① + 120) \times 20 = 3000$$
$$① \times 20 + 120 \times 20 = 3000$$
$$⑳ + 2400 = 3000$$

誤って○の数字と
足さないこと!!
（㉑、㉜㉘㉚ としない）

$$⑳ = 3000 - 2400$$
$$= 600$$
$$① = 600 \div 20$$
$$= 30 （円）$$

> 正解　30円

18 代金の精算

入門問題

📖 母の日に、PとQの2人はプレゼントを贈ることにした。Pは2000円の花束を、Qは8000円の指輪を用意した。このとき、PとQの支払った代金を同じにするためには、どちらがどちらにいくら支払えばよいか。

POINT

それぞれが支払った総額を考える

代金の精算をする問題は、誰がいくら支払ったか、という表をつくって考えましょう。

	P	Q
花束	2000円	
指輪		8000円
合計		

●解答・解説

PとQそれぞれがいくら支払っているのかをまとめると、下の表になります。

	P	Q
花束	2000円	0円
指輪	0円	8000円
合計	2000円	8000円

この表をもとに、1人当たりが支払うべきお金は、

$(2000＋8000)÷2＝5000（円）$

となります。

Pは2000円を支払っていて、

$5000－2000＝3000（円）$

なので、答えは

PがQへ3000円支払う

になります。

正解　　PがQへ3000円支払う

19 代金の精算
借金が絡む場合

入門問題

📖 父の誕生日に、AとBが誕生日プレゼントを買うことにした。AはB
に6000円を渡し、Bは18000円のネクタイを購入した。Bはもともと
Aに6000円の借金があるとき、今回ですべて精算するためには、ど
ちらがどちらにいくら支払えばよいか。

POINT

借金などは「もらった」扱いで

精算をする際の表が「払った」額を＋で記入しているため、「もらっ
た」額については－で記入します。借金については、いったんすべ
てもらったという形で処理をして、表を完成させましょう。

	A	B
Aの支払い	6000円	－6000円
ネクタイ		18000円
借金	6000円	－6000円
合計		

● 解答・解説

AとBの支払い額について整理すると、下の表になります。

	A	B
Aの支払い	6000円	−6000円
ネクタイ	0円	18000円
借金	6000円	−6000円
合計	12000円	6000円

AはBへ6000円支払っているので、支払いの額は＋です。

逆に、Bは6000円もらっているので、支払いの額は−です。

この表から、それぞれの支払い額は、

（12000＋6000）÷2＝9000（円）

となるので、Aは3000円多く支払っています。

12000−9000＝3000（円）

なので、

Bが Aに3000円支払うのが正しい精算方法になります。

> **正解** Bが Aに3000円支払う

20 代金の精算
複数人が絡む場合

入門問題

📖 P、Q、Rの3人は日曜日にバーベキューを行った。Pは4000円で会場をレンタルし、Qは12000円で食材を用意し、Rは3500円の交通費を支払った。PはQに1000円、Rに4000円の借金をしており、QはRに3000円の借金をしている。さらに、RはPに1500円の借金をしている。これらを含めてすべて精算するためには、誰から誰にいくら支払えばよいか、すべて答えなさい。

POINT

複数人がいてもやることは同じ

代金の精算が3人以上の場合でも、誰がいくら支払ったのかを整理することは変わりません。全員が支払った合計額を整理して平均をとれば、1人当たりいくら支払えばいいのかはおのずとわかります。

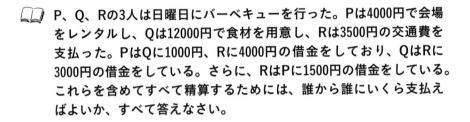

	P	Q	R
会場	4000円		
食材		12000円	
交通費			3500円
借金	−1000円 −4000円 1500円	1000円 −3000円	4000円 3000円 −1500円
合計			

● 解答・解説

P、Q、Rそれぞれがいくら支払っているのかをまとめると、下の表になります。

PART **2** 非言語分野

	P	Q	R
会場	4000円		
食材		12000円	
交通費			3500円
借金	−1000円 −4000円 1500円	1000円 −3000円	4000円 3000円 −1500円
合計	500円	10000円	9000円

この表をもとに、1人当たりが支払うべきお金は、

$$（500＋10000＋9000）÷3＝6500（円）$$

となります。

Pだけが6500円に足りていないので、PからQと、PからRへそれぞれ支払います。

その額は、Qは3500円もらえば6500円の支払いに、Rは2500円もらえば6500円の支払いになります。

よって、PがQに3500円、Rに2500円支払うと精算が完了します。

> **正解** PがQに3500円、Rに2500円支払う

85

21 団体料金・まとめ買い❶

入門問題

📖 ある博物館は、入場料が250円で、10人を超える団体客には、超えた分だけの入場料を2割引にする特典がある。30人で入場するとき、入場料の合計はいくらになるか。

POINT 人数・個数で代金が変わる

団体割引やまとめ買いなど、人数や個数によって代金が変わる問題です。1人当たりの入場料に人数を掛けて合計を出すので、のひのひ表（70ページ）で整理するとわかりやすいでしょう。

●解答・解説

入場料と、人数を使ったのひのひ表は下のようになります。

入場料の2割引は?

$$250 \times (1 - 0.2) = 200 （円）$$

	入場料	×	人数	=	合計
通常	250円	×	10人	=	2500円
割引	200円	×	(30−10)人	=	4000円

30人で入場するので、10人が通常料金、20人が割引料金となり、上のように埋めることができます。

合計の金額を足すことで、答えが出ます。

$$2500 + 4000 = 6500 （円）$$

正解　6500円

22 団体料金・まとめ買い❷

入門問題

ある動物園は、通常の入場料が200円で、20人を超える人数が入場するとき、20人を超えた分の入場料が3割引になる。ある小学校のクラスで遠足に行った際に、入場料の総額が7500円になった。このクラスは、何人の児童がいるか。

POINT

多少複雑になっても整理できる

この問題は式だけで解くことも可能ですが、一方でケアレスミスも目立ちます。表で整理するならば、ミスのない解答が可能です。

●解答・解説

入場料と、人数を使ったのひのひ表は下のようになります。

入場料の3割引は?

$$200 \times (1 - 0.3) = 140(円)$$

	入場料	×	人数	=	合計
通常	200円	×	20人	=	4000円
割引	140円	×	___人	=	3500円
合計					7500円

割引になった児童の人数を計算します。

通常の入場料でかかる金額を掛け算で出すと（200×20＝4000円）、割引になった児童の合計額がわかる（7500－4000＝3500円）ので、あとは割り算をするだけです。

$$3500 \div 140 = 25(人) \longleftarrow$$

> 式だけで解こうとすると、間違えて25人と答えてしまう人が多数いるので、気をつけましょう。のひのひ表で整理すればミスが防げます。

ここに、通常料金の人数である20人を足して

$$25 + 20 = 45(人)$$

が答えになります。

正解	45人

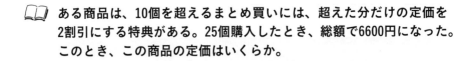

23 団体料金・まとめ買い❸

〔受検方式〕
| テストセンター | WEB／インハウス | ペーパー |

入門問題

📖 ある商品は、10個を超えるまとめ買いには、超えた分だけの定価を
2割引にする特典がある。25個購入したとき、総額で6600円になった。
このとき、この商品の定価はいくらか。

POINT

未知数 ? を使った整理も可能

のひのひ表を使っている整理法なので、未知数を使って整理するこ
とも可能です。この問題では、2割引の表記もあるので、1個の定
価を ⑩ として考えると、整理がうまくいくでしょう。

● 解答・解説

定価を⑩として、価格と個数でのひのひ表をつくると、下のようになります。25個購入しているので、定価で10個、割引価格で15個購入していることを考慮しましょう。

定価の2割引の未知数は?

$$⑩×(1−0.2)=⑧$$

	1個の価格	×	個数	=	合計
定価	⑩	×	10個	=	⑩⑩円
割引	⑧	×	（25−10)個	=	⑫⓪円
合計			総額6600円→		㉒⓪円

合計の㉒⓪円が6600円なので、

$$6600÷220=30（円）……①$$

求めたいのは定価（=⑩）なので、

$$30×10=300（円）$$

正解　300円

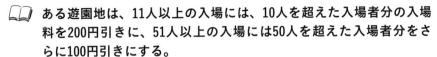

24 団体料金・まとめ買い❹

〔受検方式〕
テストセンター ｜ WEB／インハウス ｜ ペーパー

入門問題

📖 ある遊園地は、11人以上の入場には、10人を超えた入場者分の入場料を200円引きに、51人以上の入場には50人を超えた入場者分をさらに100円引きにする。
(1) 入場料が500円であり、80人が入場したとき、いくらになるか。
(2) 60人で入場したとき、全体の入場料が19000円になった。このとき、もともとの入場料はいくらか。
(3) 何人かで入場したとき、1人当たりの割引額が230円になった。何人で入場したか。

POINT

2段階の割引

2段階の割引があっても、のひのひ表を使えばきれいに整理することができます。人数の制限などにも注目して、ミスをしないようにしましょう。

※(3)は難問です。解答の基本方針からすれば、飛ばしてもよいでしょう。

● 解答・解説

（1）問題文の条件を整理すると、下のようになります。

	1人分の入場料	×	人数	=	合計
10人まで	500円	×	10人	=	5000円
11人から50人	（500−200）円	×	40人	=	12000円
51人から80人	（300−100）円	×	30人	=	6000円

以上の結果から、

$5000＋12000＋6000＝23000$（円）

となります。

正解　23000円

(2) もともとの入場料を①として、問題文の条件を整理すると以下のようになります。

	1人分の入場料	×	人数	=	合計
10人まで	①円	×	10人	=	⑩円
11人から50人	①－200円	×	40人	=	㊵－8000円
51人から60人	①－300円	×	10人	=	⑩－3000円

これら全体の入場料が19000円になるので、次の式が成り立ちます。

$$⑩＋(㊵－8000)＋(⑩－3000)＝㊿－11000$$
$$㊿－11000＝19000$$
$$㊿＝19000＋11000$$
$$㊿＝30000$$
$$①＝30000÷60＝500（円）$$

正解　500円

（3）**1人当たりの割引額に焦点を置けるか**が解答のカギです。のひのひ表も割引額について見ていきましょう。

1人当たりの割引額が200円を超えているので、人数は50人を超えていると考えられます。人数を①と置いて考えましょう。

	1人分の割引額	×	人数	=	合計
10人まで	0円	×	10人	=	0円
11人から 50人	200円	×	40人	=	8000円
51人から ①人	300円	×	①−50人	=	⑳⓪⓪−15000円
1人 当たり	230円	×	①人	=	②③⓪円

表のとおりに計算をします。

$$8000 + ③⓪⓪ - 15000 = ②③⓪$$

$$③⓪⓪ - 7000 = ②③⓪$$

$$⑦⓪ = 7000$$

$$① = 100（人）$$

正解	100人

25 分割払い

入門問題

📖 100000円のパソコンを、頭金として全体の20%を支払い、そのあと
は10回の分割払いとして購入した。このとき、分割払い1回当たり
の支払いはいくらになるか。

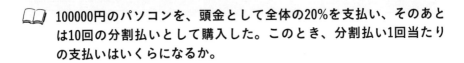

POINT

分割払いは線分図で整理する

分割払いの問題は、62ページの読書の問題と同様に線分図で整理
をするとわかりやすいでしょう。

●線分図で整理すると……

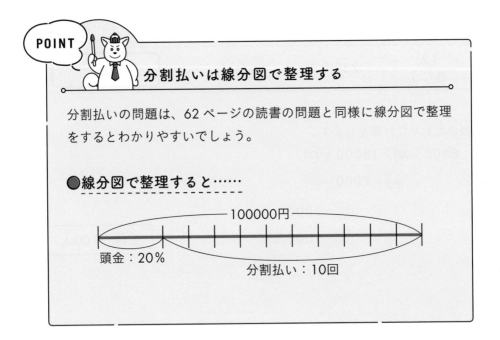

●解答・解説

問題文のとおりに整理すると、左ページの線分図になります。

まずここから、頭金の価格を出しましょう。頭金は全体の20%なので、

$$100000 \times 0.2 = 20000（円）$$

です。

すると、残りの10回払いで支払うのは80000円分（100000 − 20000 ＝ 80000円）であることがわかります。

以上のことから、1回当たりの支払い価格は、

$$80000 \div 10 = 8000（円）$$

となり、8000円であることがわかります。

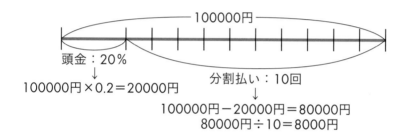

正解　8000円

26 分割払い
割合と数字が混じる

入門問題

📖 90000円のカメラを頭金25000円を支払い、何回かの等分割払いにした。等分したあと、4回目の支払いが終わったところで、支払い額がはじめて半分を超えた。このとき、分割払いは何回払いにしたか答えなさい。

ア　5回　　イ　8回　　ウ　10回　　エ　13回

POINT

線分図で整理し、選択肢でも判断

分割払いの問題のなかで、最も難しい類の問題です。問われている分割払いが複雑なので、線分図で整理し、選択肢をしっかり吟味して解答しましょう。

●線分図で整理すると……

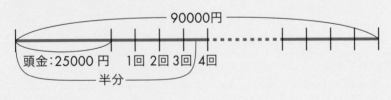

●解答・解説

問題文を整理すると、左ページの線分図になります。

問題文に、「4回目の支払いが終わったところで、支払い額がはじめて半分を超えた。」とあります。これを考えると、半分は45000円（90000円÷2＝45000円）なので、3回目では頭金を除いて20000円に届かず、4回目ではじめて20000円に届いたことがわかります。

つまり、等分割払いの支払い額は、

 20000÷3＝6666.6… ⇒6700円以下

 20000÷4＝5000　　⇒5000円より多い

5000円より多く、6700円以下となります。

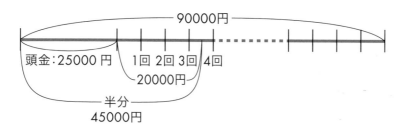

ここで、各選択肢での支払い額を検証していきます。

ア：（90000－25000）÷5　＝13000（円）

イ：（90000－25000）÷8　＝8125（円）

ウ：（90000－25000）÷10＝6500（円）

エ：（90000－25000）÷13＝5000（円）

この選択肢のなかで条件を満たすのはウの10回払いです（エの13回は5000円ちょうどなので不適切です）。

正解　ウ

27 分割払い
手数料や利子

入門問題

📖 総額12万円のパッケージツアーを購入し、頭金として4万円を支払った。頭金を払った残額の2割を利子として支払い、利子を含めて6回の分割払いにした。
(1) 支払う総額はいくらになるか。
(2) 1回の支払い額はいくらになるか。

POINT

利子の分だけ線分図を延長

分割払いに手数料や利子がつく問題では、線分図を伸ばして考えることで解答することができます。
今回の場合は、頭金を払った残額に対して利子がかかっているので、残りの部分を延長しましょう。

●線分図で整理すると……

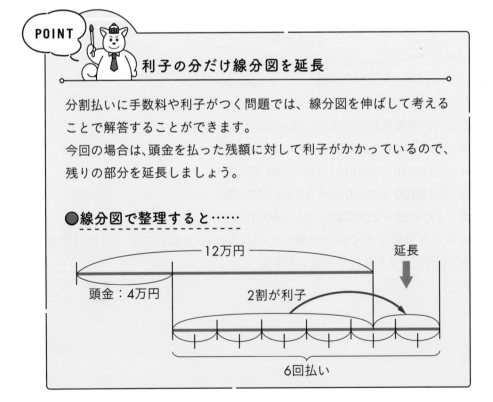

●解答・解説

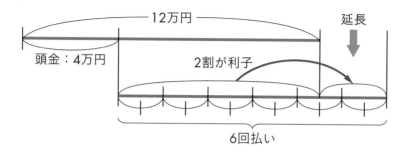

（1）支払う総額は、頭金4万円と利子を含めた6回払いの合計であることがわかります。頭金を支払った残額は8万円なので、6回払いの総額を求めましょう。

2割を利子として支払うので、6回払いの総額は、

$$8 \times (1 + 0.2) = 9.6（万円）$$

となります。

支払いの総額はこれに頭金の4万円を足すので、

$$9.6 + 4 = 13.6（万円）\Rightarrow 136000円$$

となります。

> 正解（1）　136000円

（2）また、1回当たりの支払い額は、

$$9.6 \div 6 = 1.6（万円）\Rightarrow 16000円$$

となります。

> 正解（2）　16000円

28 仕事算

入門問題

 Aさん1人でやると20日、Bさん1人でやると30日かかる仕事がある。このとき、AさんとBさんが協力して行うとすると、何日で終わる計算になるか。

POINT

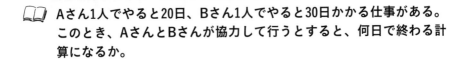

のひのひ表で1人当たりの仕事量を整理

いわゆる「仕事算」です。A、Bそれぞれの1日の仕事量をもとにのひのひ表をつくって整理をすれば、それほど難しい問題ではありません。

●のひのひ表で整理すると……

	1日	×	日数	=	仕事量
A		×	20日	=	
B		×	30日	=	
AとB		×	?	=	

POINT

公倍数で全体量を決める

仕事の全体量を①とするのもよいですが、そうすると分数が出て
きて計算がややこしくなります。そこで、なるべく小さい公倍数を
使ってあげると、整数だけになって簡単です。この問題では20日、
30日の最小公倍数である⑥を使いましょう。

●解答・解説

仕事の全体量を⑥とすると、AとBの仕事量について、下のようにのひの
ひ表が書けます。

	1日	×	日数	=	仕事量
A	③	×	20日	=	⑥
B	②	×	30日	=	⑥
AとB	(②+③)	×		=	⑥

この表から、AとBで協力して仕事をすると、

60÷5＝12（日）

で終わることがわかります。

正解　12日

PART **2**

非言語分野

29 仕事算
3人以上の場合

入門問題

Aさん1人でやると15日、Bさん1人でやると20日、Cさん1人でやると30日かかる仕事がある。このとき、Aさん、Bさん、Cさんが協力して行うとすると、何日目で終わる計算になるか。

POINT

3人以上でも解法は同じ

登場人物が3人以上になっても、基本的にのひのひ表を使った解答方法は同じです。今回は3人ですが、登場人物がもっと多くなっても同じ解法です（そのような問題が出てくることはほぼありませんが）。

POINT

「何日目」で聞かれることもある

問題のなかには、「何日で」ではなく、「何日目で」という聞かれ方をすることがあります。例えば、7日と1/6日で仕事が終わる場合、「8日目」と答えるのが正解になります。

●のひのひ表で整理すると……

	1日	×	日数	=	仕事量
A		×	15日	=	
B		×	20日	=	
C		×	30日	=	
全員		×		=	

●解答・解説

仕事の全体量を最小公倍数の⑥⓪とすると、A、B、Cの仕事量について、下のようにのひのひ表が書けます。

	1日	×	日数	=	仕事量
A	④	×	15日	=	⑥⓪
B	③	×	20日	=	⑥⓪
C	②	×	30日	=	⑥⓪
全員	⑨	×		=	⑥⓪

この表から、A、B、Cで協力して仕事をすると、

$60 \div 9 = 6.66\cdots \Rightarrow 7$日目

よって、7日目で終了することがわかります。

正解 7日目

30 仕事算 ポンプの問題

入門問題

大きなポンプを使えば15分で、小さなポンプを使えば40分でいっぱいになる水槽がある。このとき、大きなポンプ1本と、小さなポンプ4本で水を入れると、何分でこの水槽をいっぱいにできるか。

POINT

ポンプの問題ものひのひ表で整理

仕事算は、全体に対する仕事量を考える問題なので、ポンプの問題でも適用することができます。

今回の場合、人ではなくポンプなので、ポンプが複数出てくるという特徴があります。

●のひのひ表で整理すると……

	1分当たり	×	時間	=	全体量
大		×	15分	=	
小		×	40分	=	
大1本 小4本		×		=	

●解答・解説

仕事の全体量を⑫とすると、各ポンプの仕事量について、下のようにの
ひのひ表が書けます。

	1分当たり	×	時間	=	全体量
大	⑧	×	15分	=	⑫
小	③	×	40分	=	⑫
大1本 小4本	⑳ (⑧＋③×4)	×		=	⑫

この表から、大1本と小4本では、

$$120 \div 20 = 6（分）$$

で水槽をいっぱいにできます。

正解　6分

31 食塩水の問題

塩てんとうを使う❶

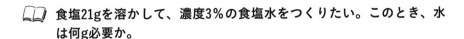

入門問題

📖 食塩21gを溶かして、濃度3％の食塩水をつくりたい。このとき、水は何g必要か。

POINT

食塩と全体の量を一度に整理

食塩水の問題は、どの食塩水に何を加えたのかを整理することが重要になります。そのため、それを同時に整理したものを状態ごとに用意するために、「塩てんとう」という整理法があります。

食塩（溶けているもの）の重さ	
食塩水（全体）の重さ	食塩水の濃さ

例えば、6％の食塩水200gは、下のように記入します。

⟨12g⟩ 食塩の量を記入	
200g	⟨0.06⟩ ％ではなく、小数で記入

●解答・解説

問題のとおりに塩てんとうを使って記入していくと、下の塩てんとうができあがります。

全体の重さについて計算すると

$21 \div 0.03 = 700$（g）

よって、水の重さは全体の重さから塩の重さを引くことで求められるので

$700 - 21 = 679$（g）

| 正解 | 679g |

POINT

「塩てんとう」と「のひのひ表」

食塩水についても、割合が絡むため、のひのひ表を使うことは可能です。しかし、のひのひ表では、食塩水の状態が変わったときにどんどん書き込まなければならないという点で厄介になります。

そのため、食塩水の問題では塩てんとうを使って整理をするのがよいでしょう。

32 食塩水の問題
塩てんとうを使う❷

入門問題

📖 6%の食塩水200gと11%の食塩水300gを混ぜたとき、何%の食塩水ができるか。

POINT

足し算は通分しないこと！

塩てんとうを使って足し算をしてみましょう。足してよいのは、重さの部分のみで、濃さについては足さないようにします。

溶けているものの重さ 足してよい		
全体の重さ	濃さ	足してはいけない
足してよい		

●解答・解説

塩てんとうで足し算を書くと下のようになります。

$$\frac{12g}{200g \mid 0.06} + \frac{33g}{300g \mid 0.11} = \frac{}{\mid}$$

この足し算を行うと、全体の重さと溶けているものの重さを足して、以下のとおりになります。

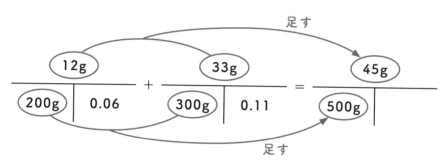

計算した結果から、濃度を求めることができます。

$$45 \div 500 = 0.09 \rightarrow 9\,(\%)$$

> 正解　9%

POINT

水や食塩は何％？

水や食塩を足す問題が出ることがありますが、水は0%、食塩は100%の食塩水として考えることができます。

33 食塩水の問題
未知数の①を使う

入門問題

📖 15%の食塩水1000gを3%の食塩水を使って薄めて、6%の食塩水にしたい。このとき、3%の食塩水は何g必要になるか。

POINT

未知数①を使うと幅が広がる

未知数①を使うと食塩水の問題で解ける問題の幅が広がります。ただし、未知数の置き方を工夫して、計算ミスを防ぐ必要があります。

● **ミスを防ぐ未知数①の置き方**
1. 食塩水の濃さを①とする
2. 食塩水の重さを⑩とする。
   →濃さが％のため、食塩の重さが整数になる。

●解答・解説

問題文のとおりに塩てんとうを記入していくと、下のようになります。

溶けている食塩の重さ

$$
\frac{150\text{g}}{\underset{\substack{\text{食塩水の重さ}}}{1000\text{g}}\Big|\underset{\substack{\text{食塩水の濃さ}}}{0.15}} + \frac{}{\Big|0.03} = \frac{}{\Big|0.06}
$$

ここで、3%の食塩水の重さを⑩⑩とすると、

$$
\frac{150\text{g}}{1000\text{g}\Big|0.15} + \frac{③}{⑩⑩\Big|0.03} = \frac{150\text{g}+③}{1000\text{g}+⑩⑩\Big|0.06}
$$

という形になります。このとき、右側の塩てんとうから、以下のような式
が成り立ちます。

$$(1000 + ⑩⑩) \times 0.06 = 150 + ③$$

これを展開して

$$60 + ⑥ = 150 + ③$$

$$③ = 90$$

$$① = 90 \div 3 = 30$$

以上から、⑩⑩ = 3000（g）となります。

正解	3000g

34 食塩水の問題
食塩水の入れ替え

応用問題

📖 5%の食塩水300gと、9%の食塩水100gがある。今、2つの食塩水から同じ重さの食塩水を取り出し、入れ替えてそれぞれの食塩水に混ぜたところ、同じ濃度になった。
(1) 食塩水の濃さは何％になったか。
(2) 2つの食塩水から取り出した重さは何グラムか。

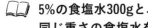

POINT

入れ替えて同じ濃さ ⇒ 全部混ぜ

同じ量を入れ替えて、同じ濃さになったという内容の問題の解法は、覚えてしまいましょう。

● 解答・解説

入れ替えたあとの食塩水を混ぜ合わせると、最初にあった食塩水同士を混ぜ合わせたものになるので、もともとの食塩水を混ぜると、その濃さがわかります。

$$
\frac{15\text{g}}{300\text{g} \mid 0.05} + \frac{9\text{g}}{100\text{g} \mid 0.09} = \frac{24\text{g}}{400\text{g} \mid 0.06}
$$

$24 \div 400 = 0.06 \rightarrow 6（\%）$

よって、混ぜたあとの濃さは6%とわかります。

| 正解（1） 6% |

ここから、取り出した重さを⑩gとすると、下のようになります。

$$
\frac{15 - ⑤}{300 - ⑩ \mid 0.05} + \frac{⑨}{⑩ \mid 0.09} = \frac{18}{300 \mid 0.06}
$$

$$
\frac{9 - ⑨}{100 - ⑩ \mid 0.09} + \frac{⑤}{⑩ \mid 0.05} = \frac{6}{100 \mid 0.06}
$$

食塩の部分に着目すると、

$15 - ⑤ + ⑨ = 18$

$9 - ⑨ + ⑤ = 6$

より「④＝3」という関係がわかります。よって、求めたいのは⑩なので

⑩＝$（100 \div 4）\times 3 = 75（グラム）$

| 正解（2） 75グラム |

35 文章題 速さ❶

入門問題

 分速720mで走る車について、以下の問いに答えなさい。
(1) この車は、時速何kmか。
(2) この車は、秒速何mか。

POINT

速さは「単位時間で進む距離」

54 ページと同様に、ここでも速さについて確認しておきましょう。

単位時間→1秒、1分、1時間など
距離→ m、km などの長さ
を示します。なので、
秒速○m → 1秒当たり○m進む
分速○m → 1分当たり○m進む
時速○km → 1時間当たり○km進む
という意味を示します。

●解答・解説

はじきの式（55ページ）を使って整理していきましょう。

整理には、**のひのひ表**（70ページ）を使います。

	速さ	×	時間	=	距離
時速	? km/時	×	1/60時間	=	0.72km
分速	720m/分	×	1分	=	720m
秒速	? m/秒	×	60秒	=	720m

（1）? m/時＝0.72÷1/60＝43.2（km/時）

> **正解** 時速43.2km

（2）? m/秒＝720÷60＝12（m/秒）

> **正解** 秒速12m

36 文章題 速さ❷

入門問題

 ある機械は50m走を10秒で走る。このとき、以下の問いに答えなさい。
(1) この機械は、秒速何mか。
(2) この機械で45秒間走ったとき、何m進むか。
(3) この機械が280mを走るとき、何秒で走るか。

POINT

線分図は上が距離、下が時間

整理の方法でも学習したとおり、速さの線分図では、上に距離、下に時間を書きます。

●速さの線分図の書き方

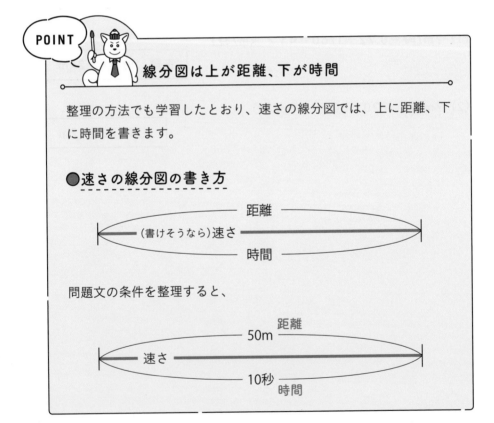

問題文の条件を整理すると、

● 解答・解説

（1）50m走を10秒で走るので、線分図は下のようになります。

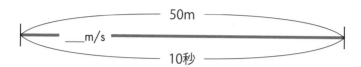

$$?m/s = 50m \div 10秒 = 5（m/s）$$

正解　5m

（2）45秒間走るので、線分図は下のようになります。

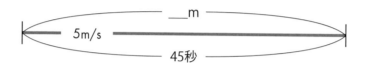

速さに時間をかけると、距離が出るので、

$$5m/s \times 45秒 = 225（m）$$

正解　225m

（3）280mを走るので、線分図は下のようになります。

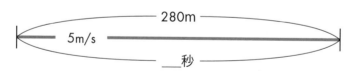

距離÷速さ＝時間なので、

$$280m \div 5m/s = 56（秒）$$

正解　56秒

37 文章題
速さ❸

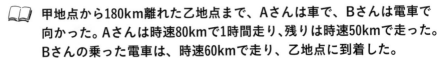

応用問題

📖 甲地点から180km離れた乙地点まで、Aさんは車で、Bさんは電車で
向かった。Aさんは時速80kmで1時間走り、残りは時速50kmで走った。
Bさんの乗った電車は、時速60kmで走り、乙地点に到着した。
(1) Aさんは、時速50kmで何時間走ったか。
(2) Bさんは、何時間で乙地点についたか。
(3) Aさんは、平均時速何kmで移動したことになるか。

● 解答・解説

まず、線分図を描きましょう。

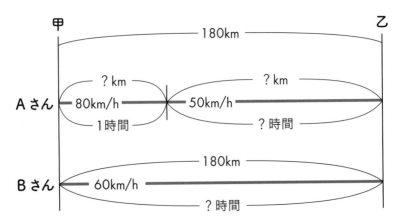

次に、わかるところを埋めていきましょう。

①Aさんが時速80kmで進んだ距離は、1時間なので、

　80km/h×1時間＝80（km）

②Aさんが時速50kmで走った距離がわかります。

　180km－80km＝100（km）

③Aさんが時速50kmで走った時間がわかります。

　100km÷50km/h＝2（時間）

④Bさんが乙地点に到着するまでにかかった時間もわかります。

　180km÷60km/h＝3（時間）

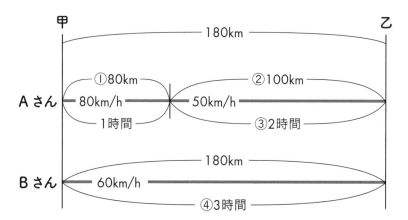

（1）Aさんが時速50kmで何時間走ったかが問われているので、③の2時間が正解です。

> 正解　2時間

（2）Bさんが何時間で乙地点についたかが問われているので、④の3時間が正解です。

> 正解　3時間

続きは次のページ→

平均時速＝総距離÷総時間

平均時速の考え方は、勘違いされることも多く、よく間違います。この問題の場合でいうと、Aさんは時速80kmと時速50kmで走っていますので、平均時速は65km（(80km＋50km)÷2＝65km）と考えられることが多いです。しかし実際のところ、Aさんと Bさんは同じ時間で乙地点に到着しています。結果だけを見ると、Aさんも Bさんも同じ180kmを3時間で走っているので、平均時速は同じになるはずです。

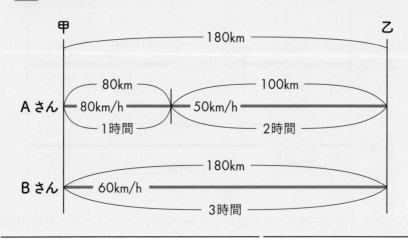

（3）Aさんは180kmを、時速80kmで1時間、時速50kmで2時間の計3時間
　　で走った。

　　Bさんは180kmを、時速60kmで3時間で走った。

　　AさんもBさんも180kmを3時間で走っているので、

　　Aさんの平均時速は、

　　180km÷3時間＝60（km/h）

正解	60km

38 文章題 速さ❹

応用問題

📖 Aさんは、宅配ピザのアルバイトをしている。ピザ1枚をつくるのに10分かかり、宅配は時速30kmで配達をする。このとき、以下の問いに答えなさい。

(1) 5km離れたところへ配達する場合、注文を受けてから何分で配達できるか。

(2) 注文を受けてから30分以内で配達できるのは、半径何km以内か。

POINT

時間だけの移動は縦に移動させる

速さの問題では、移動だけではなく、その場で作業をする時間などを考える問題も出てきます。この場合、線分図を少し縦にズラして、時間を記入しましょう。

●線分図で整理すると…

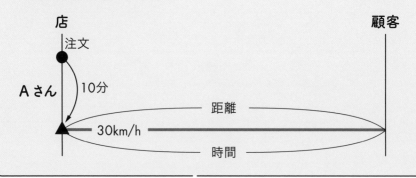

●解答・解説

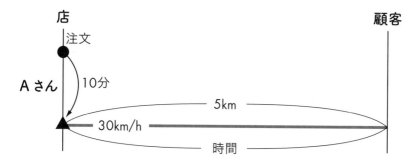

(1) 5km離れたところへ配達するので、かかる時間を出すと、

$$5 \div 30 = 1/6（時間）$$

$$1/6 \times 60 = 10（分）$$

ピザをつくるのに10分かかるので、

（10＋10＝）20分で配達できます。

正解　　20分

(2) 線分図の時間について考えると、ピザをつくるのに10分かかるので、配達に使える時間は20分となります。よって、配達が30分以内にできるのは、

$$30 \times（20 \div 60）= 10（km）$$

となります。

正解　　10km

39 文章題 旅人算 ❶

 Aさんの自宅と、学校は1500m離れている。ある日、学校から自宅へAさんが、自宅から学校へお母さんが同時に出発した。Aさんが40m/分、お母さんが60m/分で進むとき、以下の問いに答えなさい。
(1) 2人は何分で出会うか。
(2) 2人は学校から何mの地点で出会うか。

 出会いは「速さの和で割る」

旅人算の基本である「出会い」の旅人算です。解説では、時間を①と置いて説明しますが、結論として出てくる「出会う距離÷速さの和」を使って、計算量を減らしていきましょう。

 同時刻に同記号をつける

旅人算などの速さの問題では、複数の人が出てくるときに、同時刻には同記号を書くようにしましょう。同じ時間がどこかを見つけて、ミスを減らします。

● 解答・解説

Aさんとお母さんに関する線分図を描くと以下のようになります。

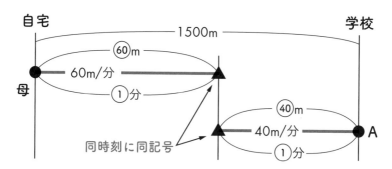

(1) 線分図の長さに注目すると、お母さんとAさんで1500m進むことがわかります。また、出会うのにかかる時間を①分とすると、お母さんは⑥⓪m、Aさんは㊵m進むので、2人で合わせて⑩⓪m進み、さらに2人で合わせて1500m進むことがわかります。以上の結果から、

　　1500÷100＝15（**分**）

となり、2人は15分後に出会うことになります。……①

正解	15分

(2) また、学校から何mの地点かは、Aさんが歩いた㊵mのことなので、

　　15×40＝600（m）

となります。

正解	600m

40 文章題 旅人算❷

入門問題

📖 Aさんはある日、忘れ物に気づかずに学校へ向けて出発した。お母さんが忘れ物に気づき、5分後に自転車で出発し、Aさんに追いつくことができた。Aさんは毎分80m、お母さんは毎分120mで走るとき、次の問いに答えなさい。

(1) お母さんは、Aさんが家を出発してから何分でAさんに追いつくことができるか。

(2) お母さんは、Aさんの家から何mの地点でAさんに追いつくことができるか。

POINT

追いつきは「速さの差で割る」

旅人算の基本である「追いつき」の旅人算です。解説では、時間を①と置いて説明しますが、結論として出てくる「追いかける距離÷速さの差」を使って、計算量を減らしていきましょう。

●解答・解説

（1）Aさんとお母さんに関する線分図を描くと以下のようになります。

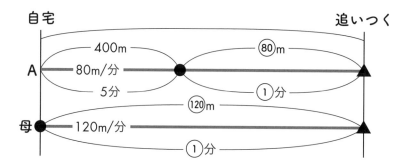

線分図の長さに注目すると、お母さんとAさんが進んだ距離の差が、Aさんが5分間で進んだ400mになっていることがわかります。このため、追いつくのにかかった時間を①分とすると、

$$⑫⓪－⑧⓪＝㊵＝400（m）$$
$$①＝400÷40＝10（分）$$

よって、Aさんが出発してから（10＋5＝）15分で追いつきます。

> 正解　15分

（2）また、追いついたのはお母さんが走って10分後の地点ですから、（⑫⓪＝）1200mの地点になります。

> 正解　1200m

41 文章題 旅人算❸

入門問題

 600mある池の周りを、Pさんは自転車で、Qさんは歩いて進む。Pさんが180m/分、Qさんが60m/分であるとき、以下の問いに答えなさい。
(1) 2人が逆方向に進むとき、何分何秒ごとにすれ違うか答えなさい。
(2) 2人が同じ方向に進むとき、何分ごとにPさんがQさんを追い抜くか答えなさい。

POINT

出会う距離はコースの長さ

池の周りやサイクリングコースなど、一周の長さが決まっている部分を周回する問題の場合、出会ったり追い抜いたりする距離が、周回するコースの長さになります。

周回するコースの場合は、線分図は円を切って一直線になるようにしましょう。

●解答・解説

（1）2人は逆方向に進むので、1周で2人が出会う線分図にしましょう。

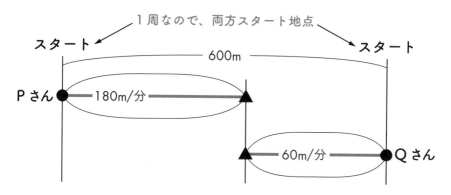

2人が出会うのは▲地点です。

よって、出会う時間は、

600÷（180＋60）＝2.5（分）⇒2分30秒

正解　2分30秒

（2）2人は同じ方向に進むので、1周分追いつく線分図にしましょう。

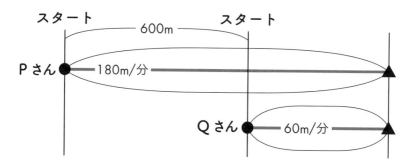

Pさんが Qさんに追いつく時間は、

600÷（180－60）＝5（分）⇒5分

正解　5分

42 文章題 商売算❶

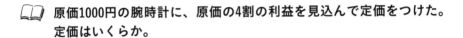

入門問題

📖 原価1000円の腕時計に、原価の4割の利益を見込んで定価をつけた。定価はいくらか。

POINT

商売算の基本は「原価、定価、売価」

一般的に商売算、損益算などといわれる問題です。基本的には、割合の掛け算を行うだけですが、応用問題では、割合の概念が複数回出てくるうえに、ほかの計算も混ざってきます。そのため、線分図だけでは処理しきれなくなるので、このあと、工夫をする必要が出てきます。

●解答・解説

まず、原価と定価の関係を見ていきましょう。

原価の4割の利益を見込むというのは、売れたときに原価の4割が利益になるように定価をつける、ということです。線分図で表すと下のようになります。

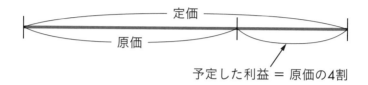

ここから、定価は原価の1＋0.4＝1.4倍になることがわかります。

定価：1000×（1＋0.4）＝1400（円）

よって、求める定価は1400円です。

正解　1400円

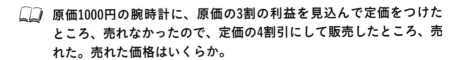

43 文章題 商売算❷

入門問題

 原価1000円の腕時計に、原価の3割の利益を見込んで定価をつけたところ、売れなかったので、定価の4割引にして販売したところ、売れた。売れた価格はいくらか。

POINT

実際に売れた価格は「売価」

原価から定価だけではなく、さらに売価を求めるような問題に変化しました。原価、定価、売価を縦に並べた「のひのひ図」を利用して、この系統の問題を解答していきます。掛け算が存在しないのは、このあと「個数」の概念が登場したときに利用するためです。

●解答・解説

原価から定価をつける部分については、先ほどの問題でも扱ったため、1.3倍であることがわかります。

次に、定価から割引を行っている「売価」について考えましょう。まず、割引を行っているため、定価よりも安くなることがわかります。

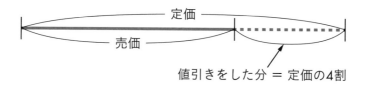

ここから、売価は定価の1−0.4＝0.6倍になることがわかります。以上から、下のような関係になります。

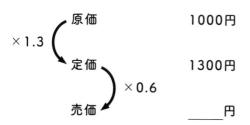

$$1300 \times 0.6 = 780（円）$$

正解　780円

44 文章題 商売算❸

入門問題

 ある商店では、定価の2割引にしても、原価の2割の利益が出るように価格設定をしている。

(1) 定価900円の商品の原価はいくらか。

(2) ある商品を定価の1割引で販売したところ、350円の利益が出た。この商品の原価はいくらか。

POINT

矢印を使って関係性を書く

今回の問題の難しいポイントは、原価から直接掛け算で定価が出るわけではない、という点です。それぞれの掛け算がどういう方向にかかっているのかを整理し、「原定売」の図に反映しましょう。

●解答・解説

定価の2割引で売っても、原価の2割の利益が出る

→「定価の2割引」と「原価の2割増し」が同じで、これを売価と仮定し
てとらえると簡単になります。

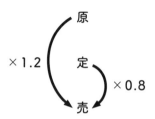

（1）整理したのひのひ図をもとに記入すると下のようになります。

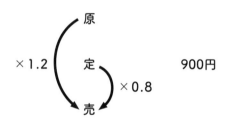

900円

矢印に沿って計算をしていけば、答えが出ます。

900×0.8＝720（円）

720÷1.2＝600（円）

正解　600円

続きは次のページ→

（2）2つ目の売価が出てくる→「売価2をつくる」

利益＝売価－原価

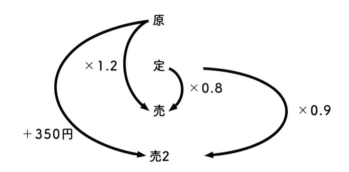

複雑になるので、未知数①を使うのがよいでしょう。

原価を①と置いた場合、売価1は⑴.2、定価は⑴.5となり、売価2が⑴.35
となります。

よって、売価2と原価の差、⓪.35が350円となるので、原価は1000円
となります。

| 正解 1000円 |

実践で描くときのコツ

本書では、紙面の都合上、矢印や数字などが見にくくならないように、文字の大きさなどを調節していますが、実際に描く際には、矢印の大きさ、数字の大きさを自由に調節できます。筆者が実際に記入する際には、下のように描いています。

未知数◯を使って、なるべく見やすくまとめています。

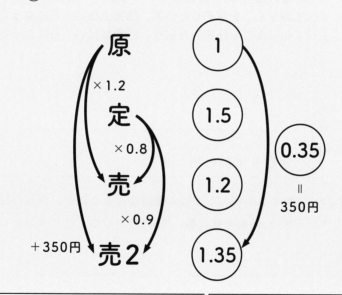

45

文章題

商売算④

入門問題

 ある商店では、原価50円のりんごを100個仕入れ、原価の8割の利益を見込んで定価をつけた。ところが、30個売れ残ったため、定価の3割引にして販売したところ、すべて販売することができた。

(1) 値引き後の価格は、1個当たりいくらか。

(2) すべてのりんごを販売した結果、総売上はいくらになったか。

(3) すべてのりんごを販売した結果、総利益はいくらになったか。

POINT

個数を単価の横に書く

1個の商品に関する情報のときは、縦に書きましたが、個数の概念が出てきたときは、個数を横に書いて、のひのひ表にして考えましょう。

●解答・解説

問題文をのひのひ表に整理します。

		単価	個数	総額
×1.8	原	50円	100個	__円
	定	__円	__個	__円
×0.7	売	__円	30個	__円

まず、単価の定価と売価を記入すると、

単価の定価：50×1.8＝90（円）

単価の売価：90×0.7＝63（円）……（1）

正解　63円

さらに、原価の総額（仕入れ総額）を記入すると

原価の総額：50×100＝5000（円）

定価の個数も引き算で出せます。

定価の個数：100－30＝70（個）

		単価	個数	総額
×1.8	原	50円	100個	5000円
	定	90円	70個	__円
×0.7	売	63円	30個	__円

続きは次のページ→

定価の総額、売価の総額も掛け算で計算しましょう。

　　定価の総額：90×70＝6300（円）

　　売価の総額：63×30＝1890（円）

		単価	個数	総額
×1.8	原	50円	100個	5000円
	定	90円	70個	6300円
×0.7	売	63円	30個	1890円

さて、単価の場合、利益は売価または定価と原価の差で表していましたが、今回は、定価でも売価でも売れています。こんなときは、「総売上－総仕入」という考え方で利益を出しましょう。

総売上：顧客からもらったお金

総仕入：お店が払ったお金

まず、総売上ですが、定価と売価で売れたりんごの総額が今回は総売上になります。

　　総売上：6300＋1890＝8190（円）……（2）

次に総仕入は、原価の部分だけなので、

　　総仕入：5000（円）

よって、総利益は、

　　総利益：8190－5000＝3190（円）……（3）

POINT

商売算の原理

商売算は、原定売ののひのひ表を書かなければ、どれが何の何倍なのかがわかりにくく、こんがらがってしまうのが厄介です。しかし、原定売ののひのひ表を書けば、基本的な問題は簡単に解けるようになります。割合の基本だけではなく、「整理能力」も問われている、ということが出題者の意図として考えられます。原定売を素早く頭のなかで整理し、暗算で考えられるようになれば、点数アップ間違いなしです。

46 比率❶

入門問題

📖 社員の男女比が3：2のある会社で、社員全員に対して、アンケートを行ったところ全員の回答が集まった。
「給料が安いと思うか」という質問に対し、男性社員の85％、女性社員の30％が「そう思う」と回答した。社員数が700人のとき、社員の何％が「給料が安い」と思っているか。

POINT　表を使って分類する

比率の問題は、割合のなかでも集合に近い要素をもっています。何の要素が、どれだけの割合を占めているのかをしっかり把握しましょう。

●解答・解説

問題文に従って、表を作成しましょう。

	男性	女性	計
そう思う	85%	30%	
それ以外			
人数比	3	2	5
計			700

男性社員の数は、

$700 \times 3/5 = 420$（人）

そのうち、「そう思う」と答えた社員の数は、

$420 \times 0.85 = 357$（人）

女性社員の数は、

$700 \times 2/5 = 280$（人）

そのうち、「そう思う」と答えた社員の数は、

$280 \times 0.30 = 84$（人）

なので、合計で、

$357 + 84 = 441$（人）

となります。以上の結果から、「そう思う」と答えた社員の全体での割合を求めると、

$441 \div 700 = 0.63 \rightarrow 63$（%）

となります。

正解	63%

47 比率❷

入門問題

📖 ある高校で、生徒の通学方法と性別の割合について調査を行ったところ、女子生徒の70%が自転車を使っていた。この高校の生徒の40%が女子生徒であり、自転車通学をしている女子生徒が168人であるとき、この高校の全校生徒は何人か答えなさい。

POINT

割合だけの場合は全体を⑩とする

比率の問題で、具体的な数値がなかなか出てこないことがあります。このような場合は、全体数などを⑩と置いて、わかりやすい表をつくりましょう。

●解答・解説

問題文に従って、表を作成しましょう。今回は、具体的な数字が自転車通学をする女子生徒しか出ないため、全校生徒を⑩として表をつくっていきましょう。

	男子	女子	計
自転車通学		㉘＝168人 女子の70%	
自転車でない			
計		㊵ 全体の40%	⑩

女子は全体の40%のため、女子全体は㊵、さらに自転車を使う女子は女子全体の70%なので、㉘となります。

以上のことから、①の値が求められます。

168÷28＝6……①の値

以上から、求めたいのは全校生徒である⑩なので、

6×100＝600（人）

正解　600人

48 集合❶

入門問題

📖 ある小学校の2年生150人に、兄弟の有無についてアンケートをとったところ、兄がいる生徒は80人、姉がいる生徒は55人とわかった。また、どちらもいる生徒は30人であった。
このとき、兄も姉もいない生徒は何人いるか。

POINT

集合の問題は、ベン図で整理する

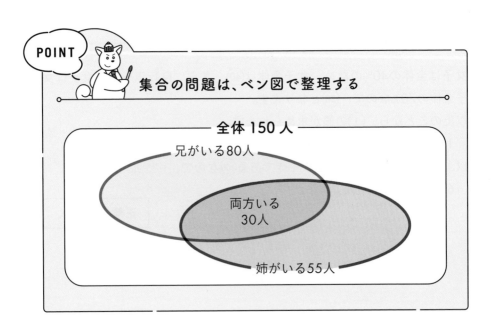

全体 150人

兄がいる80人

両方いる
30人

姉がいる55人

● 解答・解説

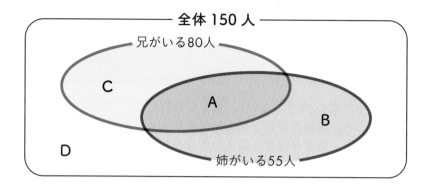

このベン図では、全体を兄と姉のいる、いないで、A〜Dの4つの領域に分けています。

A……兄と姉の両方がいる
B……兄はいないが、姉はいる
C……兄はいるが、姉はいない
D……兄も姉もいない

今回の問題では、
A＝30人、A＋B＝55人、A＋C＝80人の条件があるため、それぞれ引き算で値がわかります。

$$B＝55－30＝25（人）$$
$$C＝80－30＝50（人）$$
$$A＋B＋C＝30＋25＋50＝105（人）$$

全体はA＋B＋C＋D＝150（人）
求めたい「兄も姉もいない」がDなので、

$$D＝150－105＝45（人）$$

正解	45人

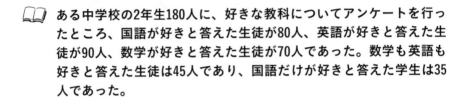

49 集合❷

入門問題

ある中学校の2年生180人に、好きな教科についてアンケートを行ったところ、国語が好きと答えた生徒が80人、英語が好きと答えた生徒が90人、数学が好きと答えた生徒が70人であった。数学も英語も好きと答えた生徒は45人であり、国語だけが好きと答えた学生は35人であった。

(1) このとき、3教科とも好きではないと答えた生徒は何人いるか。

(2) 国語も英語も好きだが数学は好きではない人の数は、英語だけ好きな人の数の1/8であった。英語だけ好きな人は何人いるか。

POINT

3つの分割もベン図で整理する

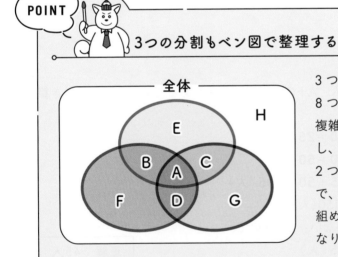

3つのベン図は領域が8つに分かれるため、複雑になります。しかし、やっていることは2つのときと同じなので、苦手とせずに取り組めば、解けるようになります。

●解答・解説

まず、全体について整理をしましょう。

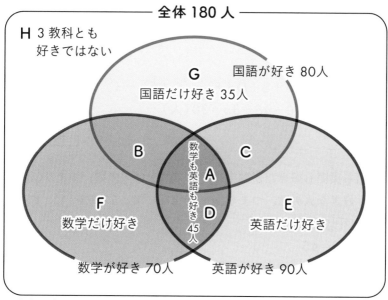

※実際に書いていく図では、「数○」や人数のみなど、略記をして問題ありません。自分がわかる、かつスピーディーに解ける図を目指しましょう。

全体：A〜H全体で180人

国語が好き：A、B、C、Gで80人

数学が好き：A、B、D、Fで70人

英語が好き：A、C、D、Eで90人

数学も英語も好き：A、Dで45人

国語だけ好き：Gが35人

続きは次のページ→

(1) 全体が180人なので、

$A + B + C + D + E + F + G + H = 180$

英語が好きな人と数学も英語も好きな人の情報から、

$A + C + D + E = 90$

$C + E = 90 - 45 = 45$

よって、

$H = 180 - (A + B + D + F) - (C + E) - G$

$= 180 - 70 - 45 - 35 = 30 (人)$

> 正解　30人

(2) 国語も英語も好きだが数学は好きではない人の数、つまりCは、英語だけ好きな人の数、つまりEの1/8倍なので、Eの数を①とすると、Cの数は⑧分の①である。

$① + \frac{1}{8}① = 45$

となり、

$① = 45 \div \frac{9}{8} = 40 (人)$

最終的に、下のようなベン図ができあがっていれば完成です。

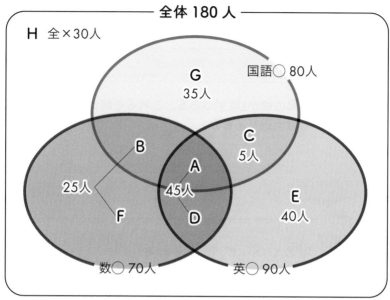

※この問題の場合、ベン図を描いたあと、計算の整理をするために、A～Dの
アルファベットの記入を工夫する必要があります。

| 正解 40人 |

50 場合の数 順列の基本

📖 赤、黄、緑、黒の球が1球ずつある。これらを横に一列に並べるとき、異なる並べ方は何通りあるか。

POINT

埋めていって、掛け合わせ

場合の数をマジメに考えていると時間が足りなくなります。正しい答えを素早く出すには、選択肢の数を書き込んでいき、掛け算をするようにしましょう。

●解答・解説

4つの球を並べるときに、それぞれ何通りの選択肢が考えられるか、数を書き込みます。

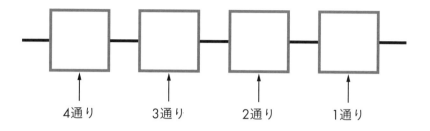

4通り　　　　3通り　　　　2通り　　　　1通り

選択肢の数を掛けて、

$4 \times 3 \times 2 \times 1 = 24$（通り）

正解　　24通り

POINT

場合の数の起源は書き出し

マジメに考えると時間が足りないと書きましたが、マジメに考えるとは、どのように考えるのかを知っておきましょう。もともと、場合の数というのは、樹形図などの書き出しによって求めます。そのなかでも、**似たような場合**に関して、掛け算を使ってプロセスを簡略化することができます。SPIで出てくる問題のうち、簡単な問題については、いわゆる「Permutation（順列）」の掛け算「nPr」（異なるn個から異なるr個を使ってできる順列の総数）で計算が可能です（本書では扱いません）。

51 場合の数
いろいろな順列（円順列）

入門問題

(1) 5人が座れる円卓に、A〜Eの5人が座ろうとしている。席に特に区別がないとき、5人の座り方は何通りあるか。

(2) A〜Eの5人が、一列に並ぼうとしている。仲のよいBとCが隣同士になる並び方は何通りあるか。

POINT

工夫をして掛け算に持ち込む

順列の問題は、基本的には、掛け算の形に持ち込むのが定石になります。しかし、今回の問題は、簡単に掛け算にできません。(1) も (2) も、順列に見慣れてしまえば、非常に簡単に解けるので、やり方を覚えてしまいましょう。

●解答・解説

（1）俗にいう円順列です。

例えば、右回りにA、B、C、D、Eの順番で座った場合、それを右回りに回しても、同じ結果になるため、席の数の5で割る必要があります。

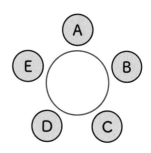

$$（5×4×3×2×1）÷5＝120÷5＝24（通り）$$

> **正解　24通り**

（2）ただ5人で並ぶだけなら簡単ですが、特定の人物同士を隣り合うようにする順列です。

BとCを1人の人としてまとめてしまい、4人として考えるのが定石です。

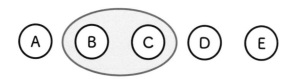

この4人を並べると、（4×3×2×1＝）24通りになります。

BとCは、B⇒Cと、C⇒Bの2通りの並び方があるので、それを掛け合わせて、

$$24×2＝48（通り）$$

となります。

> **正解　48通り**

52 場合の数
いろいろな順列（余事象）

入門問題

📖 A〜Eの5人が一列に並ぶ。このとき、仲のよくないBとCが隣同士にならない並び方は何通りあるか。

POINT

全体から不要な部分を引く

順列や確率の問題では、求めたい部分を求めようとすると、場合分けが複雑になってしまうことがあります。この場合分けから逃げるために、「いらない部分を引く」という考え方を使います。数学的には「余事象」と呼んだりします。

●解答・解説

まず、場合分けをして考えましょう。

隣同士にならないBとCの並び方は下の12通りです。

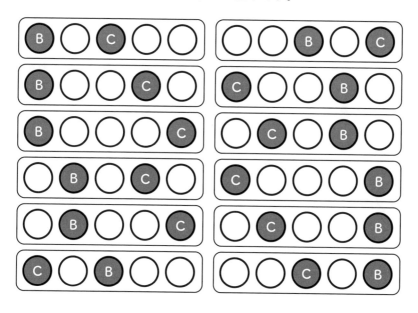

残った白い○にA、D、Eがそれぞれ入るので、

　12×3×2×1＝72（通り）

次に、BとCが隣り合うときを考え、全体から引く方法です。BとCを1人として考え、B⇒CとC⇒Bのパターンを考える（前ページの（2））ので、

　4×3×2×1×2＝48（通り）

全体が（5×4×3×2×1＝）120通りなので、

　120－48＝72（通り）

となります。

> | 正解　72通り |

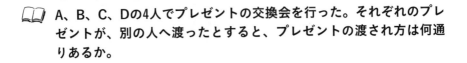

53 場合の数
いろいろな順列（かく乱順列）

入門問題

📖 A、B、C、Dの4人でプレゼントの交換会を行った。それぞれのプレゼントが、別の人へ渡ったとすると、プレゼントの渡され方は何通りあるか。

POINT

掛け算が頭に浮かばないとき

順列や組み合わせの問題で、頭に浮かばない場合にどうするか。それはもう、書き上げていくしかありません。この手の問題は、基本的には答えは30通りよりも少ないので、答えが少なそうだと感じたら書き上げることにしましょう。ただし、その問題にかけていい時間は30秒以内にしましょう。

●解答・解説

いわゆる「かく乱順列」といわれる場合の数です。この問題は、4人で交換するだけなら24通りしかないので、**数え上げることで結果がすぐわかる**と考えられます。書き出した結果は、以下のとおりになります。

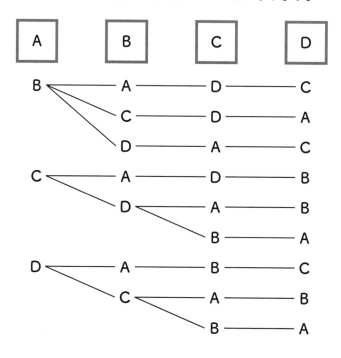

以上の9通りが答えになります。

正解	9通り

54 場合の数
いろいろな順列（倍数との応用）

応用問題

📖 0〜5の数字を使って3桁の6の倍数をつくる場合、何通りの数がつくれるか。ただし、同じ数字は一度までしか使えないものとする。

POINT

場合分けは「難しい」順に

数をつくる問題で難しいのは、場合分けが複数パターン存在する問題です。

このレベルになると、もはや大体のレベルの受検生は解けないと思ってもよいですが、どうしても解きたい場合は、場合分けを「条件が厳しい順番に」行うと最も間違えにくくなります。

●解答・解説

「3桁の6の倍数をつくる」という、この問題の制限は下の3つになります。

1.百の位に0が来てはいけない

2.一の位が偶数

3.各位の和が3の倍数になる

この場合、条件が厳しい順に3→1→2の順番になります。まず、3に則って数を選ぶと、

 (0,1,2)(0,1,5)(0,2,4)(0,4,5)

 (1,2,3)(1,3,5)(2,3,4)(3,4,5)

の8通りがあり、それぞれを1,2に従って並べると、

 (0,1,2)→102,120,210

 (0,1,5)→150,510

 (0,2,4)→204,240,402,420

 (0,4,5)→450,504,540

 (1,2,3)→132,312

 (1,3,5)→なし

 (2,3,4)→234,324,342,432

 (3,4,5)→354,534

のように並べられます。数え上げて20通りになります。

正解 20通り

55 場合の数
組み合わせ❶

> **入門問題**

📖 赤、黄、黒、緑のパプリカのなかから異なる2色を選んで、中華料理をつくろうと思う。パプリカの色の選び方は何通りあるか。

POINT

順列との区別は「選ぶ」こと

並べる問題と並んで、場合の数で区別されるカテゴリーが「組み合わせ」になります。順列と同様、組み合わせの問題も「書き出し」を基本として考えていくのがよいでしょう。

順列との大きな違いは「並べる」か「選ぶ」かということで、選ぶ場合には、並べる場合に比べて、重複が起こるために、並べた場合から重複分を割り算します。

●解答・解説

まず、書き出して考えましょう。

該当する選び方は、

　（赤,黄）（赤,黒）（赤,緑）（黄,黒）（黄,緑）（黒,緑）

の6通りあります。

順列との違いは、それぞれを逆にした

　（黄,赤）（黒,赤）（緑,赤）（黒,黄）（緑,黄）（緑,黒）

の6通りを「同じ」と認識することです。

そのため、2つを「並べる」ときの3×4＝12通りを、ABとBAの2×1＝2通りで割っています。

そのため、3つを「選ぶ」ときは、「並べる」ときの選び方を3×2×1＝6通りで割ることになります。

以上のことから、C（コンビネーション）という記号を以下のようなルールでつくることができます。

n個のなかからk個を選ぶ組み合わせは

$$
{}_n C_k = \frac{n \times (n-1) \times (n-2) \times \cdots \times (n-k+1)}{k \times (k-1) \times (k-2) \times \cdots \times 1} \text{（通り）}
$$

組み合わせの問題では、これをもとにして解答していきます。

4つのなかから2つを選ぶので、nが4、kが2となり

$$
{}_4 C_2 = \frac{4 \times 3}{2 \times 1} = 6 \text{（通り）}
$$

正解　6通り

56 場合の数
組み合わせ❷

入門問題

 8人の学生のなかから、5人の合格者を選ぶ。選び方は何通りあるか。

POINT

「選ばないもの」を「選ぶ」

組み合わせの問題で必ず考慮しておくべきことが、「選ぶ数が多い
とき、選ばないほうを考えたら楽」ということです。今回の場合、
8人から5人を選ぶわけですが、「選ばれない」3人を決めてしまっ
ても、論理的には同じになるので、$_8C_5$ と、$_8C_3$ は同じ意味になり
ます。

●解答・解説

そのまま考えると、

$$_8C_5 = \frac{8 \times 7 \times 6 \times 5 \times 4}{5 \times 4 \times 3 \times 2 \times 1}$$

となりますが、「5×4」の部分は共通するので、消してしまえば

$$\frac{8 \times 7 \times 6 \times \cancel{5 \times 4}}{\cancel{5 \times 4} \times 3 \times 2 \times 1}$$

$$= \frac{8 \times 7 \times 6}{3 \times 2 \times 1} = {_8C_3}$$

$$= 56 \,(通り)$$

となります。

正解　56通り

57 57 場合の数 組み合わせ ❸

入門問題

 9人の学生がいて、3つのグループに分けて班をつくる。
4人、3人、2人のグループに分けるとき、分け方は何通りあるか。

POINT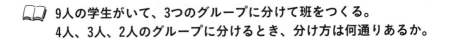

選ばれた人はいなくなる

組み分けの問題になります。9人から4人を選ぶと、残りの人数が5人になる、というあたりに注意して取り組めば、難しい問題ではありません。ただし、次の58の問題は、区別が存在しないグループがあるため、注意が必要です。

●解答・解説

4人、3人、2人のグループに分けるとき

・9人から4人選んだあと、残った5人から3人選ぶ

・9人から2人選んだあと、残った7人から3人選ぶ

のでは、組み分けしたあとの結果が同じになるため、計算結果は同じになります。選ぶ数を減らすことで、計算量を減らすことができます。

$$_9C_2 \times {}_7C_3 = \frac{9 \times 8}{2 \times 1} \times \frac{7 \times 6 \times 5}{3 \times 2 \times 1}$$

$$= 36 \times 35$$

$$= 1260（通り）$$

正解	1260通り

58 場合の数 組み合わせ❹

入門問題

 9人の学生がいて、3つのグループに分けて班をつくる。
(1) 3人のグループを3つに分け、グループに1〜3の番号をつける とき、分け方は何通りあるか。
(2) 3人のグループを3つに分けるとき、分け方は何通りあるか。

POINT

区別のないグループ

(1) は、グループに区別があるため、前ページのように解けますが、

(2) は、**グループに区別がないため、順列の数で割る必要があります**。

●解答・解説

（1）168ページと同様、3人ずつ選んで組み分けをする問題です。

$$_9C_3 \times _6C_3 = \frac{9 \times 8 \times 7}{3 \times 2 \times 1} \times \frac{6 \times 5 \times 4}{3 \times 2 \times 1}$$

$$= 84 \times 20$$

$$= 1680（通り）$$

> 正解　1680通り

（2）学生にA〜Iのアルファベットをつけて組み分けをすると、下のように、同じ分け方になったときにグループに番号がないため、区別をつけることができません。

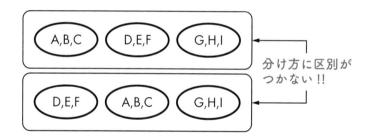

分け方に区別が
つかない!!

そのため、区別をつけたときの1680通りを、3個を並べる並べ方の（3×2×1＝）6通りで割る必要があります。

　1680÷6＝280（通り）

> 正解　280通り

59 場合の数
組み合わせ❺

> ## 入門問題

 りんご、バナナ、みかんがたくさんあり、ここから5個を選んで手土産をつくる。
選ばれない果物があってもよいものとするとき、選び方は何通りあるか。

POINT

個数で場合分け

何種類の果物を選ぶかで場合分けをし、それぞれを選ぶ個数で書き出していきましょう。

●解答・解説

選ぶ果物の種類で場合分けをします。

・1種類

5個ともその果物になるので果物の個数は1通りです。

1通り×$_3C_1$＝3通り
　　　　└─ 果物の選び方

・2種類

一方の果物の個数が決まれば、もう一方の果物の数が自動的に決まるので、1つの選び方には4通りの場合の数があります。

4通り×$_3C_2$＝12通り
　　　　└─ 果物の選び方

・3種類

果物の個数は（1,2,2）（1,1,3）の2通りがあります。（1,2,2）のときの1個のもの、（1,1,3）のときの3個のものを選ぶ選び方を考えると、

2通り×$_3C_1$＝6通り
　　　└─ 1個か3個になる果物の選び方

以上の結果を足し合わせて、

3＋12＋6＝21（通り）

正解　21通り

60 場合の数
確率❶

入門問題

📖 サイコロを2個同時に振る。このとき、2つの目が同じ「ゾロ目」になる確率はいくらか。

POINT

確率の基本は「÷全部」

さて、場合の数、最後のテーマは確率です。基本的には、「**該当する場合の数÷全部**」という考え方を使っていきます。ただし、サイコロやくじ引きなど、一見区別がつかないものの場合でも、区別をして考える、という考え方が非常に重要になります。

●解答・解説

2個のサイコロが区別できるとき、目の出方を（1つ目,2つ目）の順番で整理すると下の表になります。

(1,1)	(1,2)	(1,3)	(1,4)	(1,5)	(1,6)
(2,1)	(2,2)	(2,3)	(2,4)	(2,5)	(2,6)
(3,1)	(3,2)	(3,3)	(3,4)	(3,5)	(3,6)
(4,1)	(4,2)	(4,3)	(4,4)	(4,5)	(4,6)
(5,1)	(5,2)	(5,3)	(5,4)	(5,5)	(5,6)
(6,1)	(6,2)	(6,3)	(6,4)	(6,5)	(6,6)

赤字になっている部分がゾロ目で、6通りあります。全体では、36通りの目の出方があるので、

$$6 \div 36 = 1/6$$

となります。

もしサイコロに区別がなかった場合でも、このことは変わりません。経験的に、サイコロの大きさが同じでも違っても、ゾロ目になる確率は同じだと思いますよね？

なので、基本的には、区別をつけて考えることになります。

正解　1/6

61 場合の数
確率❷

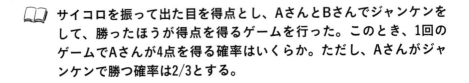

📖 サイコロを振って出た目を得点とし、AさんとBさんでジャンケンを
して、勝ったほうが得点を得るゲームを行った。このとき、1回の
ゲームでAさんが4点を得る確率はいくらか。ただし、Aさんがジャ
ンケンで勝つ確率は2/3とする。

POINT

「〇かつ△」は掛け算

確率の問題で、別々の事象を扱うとき（今回の場合、「サイコロの出目」と「ジャンケンの結果」）、確率同士を掛け算すれば、求めたい確率を導き出すことが可能になります。

●解答・解説

Aさんが4点を得るためには、「サイコロが4の目を出す」かつ「Aさんがジャンケンに勝つ」ことが求められます。

以上のことから、求める確率は

$$\underset{\text{サイコロが4}}{\frac{1}{6}} \quad \underset{\text{かつ}}{\times} \quad \underset{\text{Aさんが勝つ}}{\frac{2}{3}} \quad = \quad \frac{1}{9}$$

となります。

正解　1/9

62 場合の数 確率❸

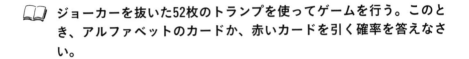

入門問題

📖 ジョーカーを抜いた52枚のトランプを使ってゲームを行う。このとき、アルファベットのカードか、赤いカードを引く確率を答えなさい。

POINT

「〇または△」は足し算

確率の問題で、場合分けを行うとき（今回の場合、「アルファベットのカード」と「赤いカード」）、確率同士は足し算で扱います。また、このとき、被り（今回の場合、「赤いアルファベットのカード」になる）の確率は、「かつ」と同じで掛け算で導き出すこともできます。

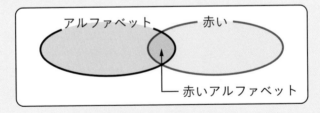

●解答・解説

トランプのなかで、赤いカードの確率は1/2、アルファベットのカードはA、J、Q、Kの4種類なので、4/13の確率になります。

また、赤いアルファベットのカードはハート、ダイヤで4枚ずつなので、2/13の確率になります。

以上の結果から、

（**赤いカード**）＋（**アルファベットのカード**）

－（**赤いアルファベットのカード**）

2回数えているので引く

で確率を出すことができるので、

1/2＋4/13－2/13＝17/26

になります。

正解　17/26

63 資料の読み取り❶

> ### 入門問題

📖 次の資料を読み、あとの推論(ア)、(イ)、(ウ)のうち、正しいものを答えなさい。

	小人	学生	大人
入場料（円）	500	800	1000

※小人は小学生以下、学生は中学生と高校生を示す。
※各月「7」のつく日は女性が半額になる。
※毎週水曜日は2割引になる。

- **(ア)** 14日の水曜日に、学生の男女2人で入場するとき、入場料は1600円である。
- **(イ)** 7日の火曜日に、大学生の姉と小学生の弟が2人で入場するとき、入場料は1000円である。
- **(ウ)** 1日の土曜日に、大人の夫婦2人が、幼児を1人連れて入場するとき、入場料は2000円である。

POINT

注釈の部分に計算の要素が含まれる

資料の読み取り問題では、数値が掲載されている部分だけではなく、注釈が書かれている部分にも、重要な情報が含まれています。素早く解答できるように問題パターンに慣れておきましょう。

● 解答・解説

（ア）基本料金は、800円が2人です。水曜日なので2割引になります。

$$800 \times 2 \times 0.8 = 1280（円）$$

となり、誤りです。

（イ）基本料金は、1000円が1人と、500円が1人です。7日なので、女性が半額になります。

$$1000 \times 0.5 + 500 = 1000（円）$$

となり、正しいです。

（ウ）基本料金は、1000円が2人と500円が1人です。1日の土曜日なので、割引はありません。

$$1000 \times 2 + 500 = 2500（円）$$

となり、誤りです。

以上の結果から、イが答えとなります。

正解　イ

64 資料の読み取り❷

入門問題

📖 次の資料を読み、あとの推論ア、イ、ウのうち、正しいものを答え
なさい。

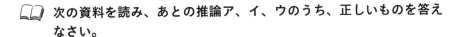

	小人	学生	大人
入場料（円）	500	800	1000

※小人は小学生以下、学生は中学生と高校生を示す。
※各月「7」のつく日は女性が半額になる。
※毎週水曜日は2割引になる。
※割引は重複する。

（ア）大人の夫婦2人と小学生の娘1人で17日の火曜日に入場する場合、入
場料は2000円になる。

（イ）中学生と小学生の姉妹で16日の水曜日に入場する場合、入場料は
1040円になる。

（ウ）大学生の兄と小学生の妹で17日の水曜日に入場する場合、入場料は
1000円になる。

POINT

選択肢ごとに正しいかどうか判断する

資料の読み取り問題のほとんどは、3つの推論が出され、正しいものがどれかを選択する問題となっています。

一つ一つの選択肢を吟味して、正しいか誤っているかを判断していきましょう。

●解答・解説

（ア）基本料金は1000円が2人と、500円が1人です。17日なので妻と娘は半額、火曜日なので2割引にはなりません。よって、

$$1000＋1000×0.5＋500×0.5＝1750（円）$$

となり、誤りです。

（イ）基本料金は学生と小人の800円と500円、16日なので女性は普通料金、水曜日なので2割引になります。

$$800×0.8＋500×0.8＝1040（円）$$

となり、正しいです。

（ウ）基本料金は大人と小人、17日なので女性は半額、水曜日なので2割引となります。

$$1000×0.8＋500×0.5×0.8＝1000（円）$$

となり、正しいです。

以上の結果から、イとウが答えとなります。

正解　イ、ウ

📖 次の資料を読み、あとの推論ア、イ、ウのうち、正しいものを答えなさい。

	小人	学生	大人
入場料（円）	500	800	1000

※小人は小学生以下、学生は中学生と高校生を示す。
※小人または学生を合計20人以上引率する大人は2人まで無料。
※大人10人を超える場合、全体の入場料を2割引。

（ア）小学生10人、中学生10人と、引率の大人3人が入場するとき、入場料は16000円になる。

（イ）小学生20人、中学生2人が入場するとき、入場料は10000円になる。

（ウ）小学生15人、高校生5人、大学生1人が入場するとき、入場料は11500円になる。

POINT

選択肢の共通点で考える量を減らす

資料の読み取り問題では、推論ア～ウの中身が、理由はともかく、似通った内容になりやすいことがほとんどです。この問題では、団体割引に関する内容について注目すれば解答することができます。

●解答・解説

（ア）小人10人、学生10人と、大人3人なので、大人2人分が無料になります。

$$500 \times 10 + 800 \times 10 + 1000 \times (3 - 2) = 14000（円）$$

なので、誤りです。

（イ）小人20人、学生2人、注釈の内容では無料、割引はありません。

$$500 \times 20 + 800 \times 2 = 11600（円）$$

なので、誤りです。

（ウ）小人15人、学生5人、大人1人となり、大人1人は無料になります。

$$500 \times 15 + 800 \times 5 = 11500（円）$$

となり、正しいです。

以上から、ウのみが正しいことになります。

正解　　ウ

66 長文読み取り❶

📖 次の文章を読んで、あとの問いに答えなさい。

　1970年から2018年の間の人口の推移をみると、日本では1億500万人から1億2500万人程度と、2000万人しか伸びていないのに対して、世界では37億人から76億人と39億人もの人口増加が起こっている。さらに細かい内容に踏み込むと、日本の人口の伸びは1990年の1億2000万人を超えたあたりから停滞を続けている一方、世界の人口は常に年間8000万人ずつ増えている。

　一方、年間生産量に焦点を当てると、1970年の日本が2093億ドルなのに対し、世界では3兆2902億ドル、2018年の日本は4兆9409億ドル、世界は81兆679億ドルになっている。ここだけをみれば、日本も世界も同じように24倍程度になっていて、そういう点では、日本という国はこの50年間で大きく伸長したといえる。

　ただし、ここ数年の年間生産量は、横ばいを続けているというデータもあるため、成長を続けるためには、なにか変革を起こす必要があるということは、誰もが疑っていないだろう。

問）1970年から2018年の間に、日本の人口は何％増加したか。
　　ア：16%　　イ：17%　　ウ：18%　　エ：19%

言語問題と区別をつけること

長文読み取りの問題です。テストセンターで見られる特徴的な問題のため、その前提で言及すると「**一見言語分野の問題に見えてヤヤコシイ**」という特徴があります。言語分野の組問題と同じく、**まずは問題文を読むこと**を徹底しましょう。

文中に出てくる数字を表でまとめる

長文読み取りの問題は、**数字の流れや変遷について書かれている問題がほとんど**です。**いつの、どの数字か**ということに焦点を置いて整理するようにしましょう。

●解答・解説

問題文にある数値を整理すると以下のようになります。

	1970年	1990年	2018年
日本の人口	1億500万	1億2000万人	1億2500万人
日本のGDP	2093億ドル		4兆9409億ドル
世界の人口	37億人		76億人
世界のGDP	3兆2902億ドル		81兆679億ドル

1970年の日本の人口は1億500万人、2018年は1億2500万人なので、

$$12500 \div 10500 = 1.190\cdots$$

よって、日本の人口は19％増加したことになります。

正解　　エ：19％

67 長文読み取り❷

入門問題

📖 **次の文章を読んで、あとの問いに答えなさい。**

　1970年から2018年の間の人口の推移をみると、日本では1億500万人から1億2500万人程度と、2000万人しか伸びていないのに対して、世界では37億人から76億人と39億人もの人口増加が起こっている。さらに細かい内容に踏み込むと、日本の人口の伸びは1990年の1億2000万人を超えたあたりから停滞を続けている一方、世界の人口は常に年間8000万人ずつ増えている。

　一方、年間生産量に焦点を当てると、1970年の日本が2093億ドルなのに対し、世界では3兆2902億ドル、2018年の日本は4兆9409億ドル、世界は81兆679億ドルになっている。ここだけをみれば、日本も世界も同じように24倍程度になっていて、そういう点では、日本という国はこの50年間で大きく伸長したといえる。

　ただし、ここ数年の年間生産量は、横ばいを続けているというデータもあるため、成長を続けるためには、なにか変革を起こす必要があるということは、誰もが疑っていないだろう。

問）世界の人口1人当たりの生産量は、1970年から2018年で何倍になったか。
　　ア：12倍　イ：13倍　ウ：14倍　エ：15倍

POINT

問題によっては複数計算が必要になる

長文の読み取りでは、組問題の2問目、3問目で、2回、3回の計算を求められることがほとんどです。また、電卓を使うこともできないため、図表の読み取りでも扱う概数での計算をしましょう。

● 解答・解説

問題文にある数値を整理すると以下のようになります。

	1970年	1990年	2018年
日本の人口	1億500万	1億2000万人	1億2500万人
日本のGDP	2093億ドル		4兆9409億ドル
世界の人口	37億人		76億人
世界のGDP	3兆2902億ドル		81兆679億ドル

選択肢を見ると、2桁までの概数で求めるので、世界のGDPは1970年は3兆2900億ドル、2018年は81.0兆ドルとして計算してよいでしょう。
1970年の世界人口1人当たりの生産量は、

　　1970年：32900÷37＝889.18…⇒889（ドル/人）

2018年の世界人口1人当たりの生産量は、

　　2018年：810000÷76＝10657.8…⇒10700（ドル/人）

1970年から2018年までに生産量が何倍になったかは、

　　10700÷889＝12.03…⇒12倍

よって、答えは12倍となります。

正解　ア：12倍

68 図表の読み取り❶

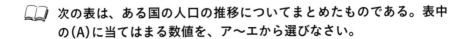

入門問題

📖　次の表は、ある国の人口の推移についてまとめたものである。表中の(A)に当てはまる数値を、ア〜エから選びなさい。

ア. 6.8

イ. 7.0

ウ. 7.2

エ. 7.4

	1992年	1997年	2002年
人口（千人）	24132	25603	27389
5年間での人口増加率（%）	－	6.1	（A）
男性人口（千人）	12543	13435	14362
人口性比	1.08	1.10	1.10

POINT

どの数値を使うのかをしっかり見極める

前問でも書いたとおり、図表の読み取りは「使う数値の見極め→計算」という段階を踏むため、**使う数値を間違ってしまうと、大幅な時間ロス**になります。

●解答・解説

（A）が示しているのは、人口増加率です。人口増加率は特定の年の人口がわかれば導き出せますので、下の段にある男性人口や人口性比は使わなくてかまいません。

1992年の人口増加率が「－」となっているので、この場合（A）は1997年と2002年の人口を使って計算しましょう。計算式は、「2002年の人口÷1997年の人口－1」となります。

27389÷25603＝1.0697…≒1.070

1.070－1＝0.070

となり、人口増加率の単位は「％」なので、ここで当てはまる値は7.0とわかります。

> 正解　イ.7.0

参考

電卓を使うことができないテストセンターでの受検の場合は、「知りたい桁数＋1桁」の概数にしましょう。今回の場合、2桁分の数字が出したいので、3桁までの概数にして計算します。

27400÷25600＝1.0703…≒1.070

1.070－1＝0.070

これでも、答えは同じ7.0になります。

69 図表の読み取り❷

〔受検方式〕 テストセンター WEB／インハウス ペーパー

入門問題

次の表は、ある商店の1日の売り上げについてまとめたものである。えんぴつの売り上げを1としたとき、ボールペンの売り上げはどれだけになるか。

	価格（円）	本数（本）
えんぴつ	60	60
シャープペン	120	30
ボールペン	100	9

POINT

どう計算すればよいかをまず考える

図表の読み取りの問題では、基本的に計算は多くて4回行う可能性があります。どの数値を使って計算を行うのか吟味したうえで、どのように計算するかを組み立てるようにしましょう。

●解答・解説

各商品の売り上げは価格×本数で出すことができます。この問題では、えんぴつの売り上げを1としてボールペンの売り上げの割合を出すので、

「ボールペンの売り上げ」÷「えんぴつの売り上げ」

で解答できます。さらに、のひのひ表を使えばよりわかりやすくなります。

	単価	×	個数	=	売上
えんぴつ	60円	×	60本	=	3600円
ボールペン	100円	×	9本	=	900円

よって、

$900 \div 3600 = 0.25$

正解　0.25

70 図表の読み取り❸

入門問題

📖 表1はある企業のA、B、Cという商品それぞれの売上、原価、利益をまとめたものである。表2はA、B、Cそれぞれが、その企業の総利益に対して占める割合をまとめたものである。Cの原価はいくらか。

表1　A、B、Cの売上、原価、利益

（百万円）	A	B	C
売上	50	60	70
原価	30		
利益	20		

表2　A、B、Cが占める利益の割合

（%）	A	B	C
総利益に対する割合	25	30	45

POINT

表が2つになってもやることは同じ

表が増えても、やることは変わりません。使うべき値を見極め、どのように計算するかを組み立てるようにしましょう。

● 解答・解説

総利益を⑩とすると、のひのひ表は以下のようになります。

	総利益	×	割合	=	利益
A	⑩	×	0.25	=	20
C	⑩	×	0.45	=	

よって、総利益を計算すると、

⑩＝20÷0.25＝80

となります。

ここから、Cの利益を計算すると、80×0.45＝36となります。

従って、Cの原価は、70－36＝34となり、単位は「百万円」と書かれているので、「百万円が34個集まっている」と考えましょう。

正解	3400万円

─ 注意 単位の見落としをしない ─────

出題される表には、必ず単位が存在します。%や百万円などの単位を見落とさないように確認しながら解答しましょう。

71 推論

── はじめに ──

いよいよ、SPIのなかでも多くの受検者が苦労する「推論」について取り扱います。

多数の受検者にとって、推論が難しい理由は、

・**仮説が多すぎて書ききれない**

・**そもそもの整理の仕方を知らない**

ということが挙げられます。

そのため、本書ではまず、「単問の出題パターンを知って慣れる」ことを主眼に置きます。その後、大問のテーマになりやすい内容を紹介していきます。

出題パターンを知って
問題に慣れよう！

推論攻略の構成

出題パターン

推測値の選択

ありうる値すべて

A、Bの正誤

A、B、Cの正誤

情報の追加

PならばQの正誤

問題パターン

勝敗関係

対応関係

順序関係

位置関係

文章題の応用

実践演習（10問）

72 推論
推測値の選択

> ### 入門問題

📖 AとBでジャンケンを3回行った。Aは2勝し、あいこはなかった。また、Bはパーを使わなかった。

Aがパーしか使わなかったとき、Bはグーを何回使ったか。
ア. 1回　イ. 2回　ウ. 3回　エ. 使わなかった

> **POINT**
>
> ### 具体的な数値を求める
>
> 推論問題のなかでは、出題頻度が少ない問題です。論理的にありうる値を絞り込んで解答しましょう。

●解答・解説

状況を整理すると、Aはパーのみを出していて、2勝しているので、以下のようになります。

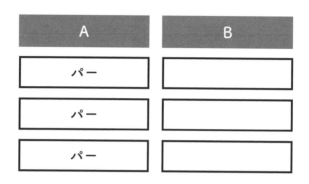

BがAに負けるときはグーを使うので、Aが勝った2回がグーを使ったときであるとわかります。例えば、

A	B
パー	グー
パー	グー
パー	

よって、2回が正解です。

正解　イ. 2回

73 推論
当てはまるものをすべて選ぶ

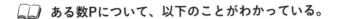

入門問題

ある数Pについて、以下のことがわかっている。

・Pは2桁の12の倍数である。

このとき、以下の選択肢のなかで、Pとして適切なものをすべて選びなさい。

ア. 18
イ. 36
ウ. 54
エ. 72
オ. 108

POINT　答えが1つとは限らない

問題文に「すべて選びなさい」と書かれているとおり、答えの候補
となるものをすべて選ぶ必要があります。なので、問題文の条件と
照らし合わせて、当てはまりうる内容を過不足なく考えなければな
りません。

この場合、「選択肢がありうるかを考える」方法と、「考えられるも
のをすべて挙げてから選択肢を考える」方法の2つがあります。

●解答・解説

●選択肢がありうるかを考える場合

アは12で割り切れないため×

イは36÷12＝3なので〇

ウは12で割り切れないため×

エは72÷12＝6なので〇

オは3桁の数値なので×

●考えられるものをすべて挙げてから選択肢を考える場合

Pとして挙げられる数は「12、24、36、48、60、72、84、96」の8つ
が挙げられます。このなかで、選択肢になっているのは「イ.36」と「エ.
72」の2つだけです。

> 正解　イ.36、エ.72

74 推論
A、Bの正誤

📖 **ある数Pは6の倍数である。次のア、イの推論の正誤について、正しいものを以下のA〜Hのなかから選びなさい。**

ア：Pは5の倍数である。

イ：Pは奇数である。

A：アもイも必ず正しい。

B：アは必ず正しいが、イはどちらともいえない。

C：アは必ず正しいが、イは必ず誤り。

D：アはどちらともいえないが、イは必ず正しい。

E：アもイもどちらともいえない。

F：アはどちらともいえないが、イは必ず誤り。

G：アは必ず誤りだが、イは必ず正しい。

H：アは必ず誤りだが、イはどちらともいえない。

Ｉ：アもイも必ず誤り。

POINT　2つの場合は詳しく判断

推論問題に出てくる推論の正誤を判断する問題です。2つの推論の正誤を判断する問題は、推論の「正しい」「どちらともいえない」「誤り」の3つを判断することが必要です。それぞれ、複数の場合があるとき、

- **全部の場合で成り立つ→正しい**
- **一部の場合でしか成り立たない→どちらともいえない**
- **全部の場合で成り立たない→誤り**

となります。

●解答・解説

数Pは6の倍数ですので、6や12や18などが挙げられます。アとイをそれぞれ順番に検証していきましょう。

ア：Pは5の倍数でもあるので、30や60では成り立ちますが、12や18では成り立ちません。→どちらともいえない。

イ：Pは奇数とありますが、奇数になるものがありません。6の倍数ということは偶数であることが前提になります。→必ず誤り。

> **正解**　F：アはどちらともいえないが、イは必ず誤り。

75 推論
A、B、Cの正誤

📖 入門問題

📖 すばる君は野球部に所属している中学2年生である。日本の常識に沿って考えたとき、次のア〜ウの推論について、正しいものを以下のA〜Hのなかから選びなさい。

ア：すばる君は15歳以下である。

イ：すばる君は四足歩行の動物である。

ウ：すばる君は帰宅部である。

A：ア、イ、ウどれも正しい。

B：アとイは正しいが、ウは正しいといえない。

C：アとウは正しいが、イは正しいといえない。

D：イとウは正しいが、アは正しいといえない。

E：アは正しいが、イとウは正しいといえない。

F：イは正しいが、アとウは正しいといえない。

G：ウは正しいが、アとイは正しいといえない。

H：アもイもウも正しいといえない。

POINT

3つが正しいかを考える

推論の正誤を考える問題で、推論の数が3つの場合の問題になります。2つのときと異なり、判断をするのは「必ず正しい」「必ずしも正しくない／必ずしも誤りではない（どちらともいえない）」「必ず誤っている」の3つになります。

複数の場合が考えられるとき、それぞれの場合を吟味して、「各選択肢を吟味する」ことを迅速に行うことが大事になります。

●解答・解説

すばる君は「野球部」の「中学2年生」で、そもそも「人間」です。この条件をもとに、ア〜ウの推論を吟味しましょう。

ア：中学3年生でも満15歳なので、正しいといえます。

イ：人間なので、「二足歩行」です。正しいといえません。

ウ：「野球部」なので、正しいといえません。

以上から、アは正しく、イとウは正しいといえないが正解になります。

> **正解** E：アは正しいが、イとウは正しいといえない。

76 推論
情報の追加❶

入門問題

📖 ある四角形Pについて、Pが「正方形ではない長方形」であることがわかるためには、あとのア、イのうち、どの情報がわかればよいか。

ア：すべての角の大きさが同じ。

イ：辺の長さがすべて同じではない。

A：アだけでわかるが、イだけではわからない。

B：イだけでわかるが、アだけではわからない。

C：アとイの両方があればわかる。

D：アとイの両方があってもわからない。

E：アかイのどちらかがあればわかる。

POINT

情報をしっかり整理する

推論で難しいといわれる出題方法です。情報は2つのときと、3つのときなど、複数ありますが、それを過不足なく判断できるように整理をしましょう。

●解答・解説

それぞれの条件があれば、どう判断できるのかを順にみてみましょう。

ア：すべての角が同じなので、長方形か正方形となります。

イ：辺の長さがすべて同じではないので、ひし形や正方形ではないことがわかります。

アだけでは正方形ではないことが否定できず、イだけでは長方形かどうかがわかりません。つまり、以上のことから、**アとイの両方があればよいこと**がわかります。

正解 C：アとイの両方があればわかる。

77 推論 情報の追加❷

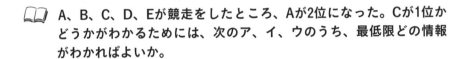

入門問題

A、B、C、D、Eが競走をしたところ、Aが2位になった。Cが1位かどうかがわかるためには、次のア、イ、ウのうち、最低限どの情報がわかればよいか。

ア）BはAより遅かった。
イ）DとEは並んでゴールした。
ウ）BはDより早かった。

A. アだけ
B. イだけ
C. ウだけ
D. アとイ
E. イとウ
F. アとウ
G. アとイとウ
H. すべてわかってもわからない

POINT

情報をしっかり整理する

先ほどの問題と同様、必要な情報を整理して、過不足なく判断をしましょう。

●解答・解説

ア、イ、ウそれぞれの情報について整理しましょう（表を使った整理法については後述します）。

ア）BがAより遅いので、Bが3位以下であることがわかります。

イ）DとEが並んでゴールしているので、Aが2位であるにはDとEの2人が1位でゴールすることはできないことがわかります。

ウ）BがDよりも早いので、最下位ではないことがわかります。

次に、Cが1位かどうかがわかるように、これらの条件をもとに考えると、

アだけ⇒DやEが1位の可能性があります。

イだけ⇒Bが1位の可能性があります。

ウだけ⇒BやEが1位の可能性があります。

アとイ⇒C以外は1位になりません。⇒答え

イとウ⇒Bが1位の可能性があります。

アとウ⇒Eが1位の可能性があります。

アとイとウ⇒アとイだけでわかるので不適切です。

以上の結果から、C以外は1位とならない、**アとイ**が正解となります。

> 正解　D.アとイ

78 推論
PならばQの正誤

> 入門問題

📖 ある生物Xについて、以下の推論がなされている。

P：Xは動物である。
Q：Xは人が養殖・栽培している。
R：Xは犬である。

このとき、次のア〜ウの論理について、正しく記述した選択肢を選びなさい。

ア：Pが正しければ、Qも正しい。
イ：Qが正しければ、Rも正しい。
ウ：Rが正しければ、Pも正しい。

A. アもイもウもすべて正しい。

B. アとイは正しいが、ウは誤り。

C. アとウは正しいが、イは誤り。

D. イとウは正しいが、アは誤り。

E. アのみ正しい。

F. イのみ正しい。

G. ウのみ正しい。

H. アもイもウも誤り。

POINT

仮説と結論を整理しておく

「○ならば△」という形の推論が正しいかどうかを判断する出題方法です。「人ならば動物である」と「動物ならば人である」が同じ意味ではないのと同じように、入れ替えると真逆の答えになるので、注意しましょう。

●解答・解説

ア、イ、ウの選択肢それぞれについて考えてみましょう。

ア：Xが動物であっても、人が養殖・栽培しているとは限らないので誤りです。

イ：人が養殖・栽培しているとしても、犬とは限らないので誤りです。

ウ：犬は動物なので、正しいです。

以上の結果から、正しく記述した選択肢はウになります。

> 正解　G.ウのみ正しい。

79 推論
勝敗関係

📖 A、B、C、Dの4人で腕相撲の対決を総当たり戦で行ったところ、下のような結果が出た。

1) AはBに勝った。
2) BはCに勝った。
3) CはAに負けた。
4) Dは全敗だった。

このとき、2勝1敗だったのは誰か。

POINT

勝敗表をつくる

勝敗関係に関する問題は、勝敗表を使います。「は」「に」をつけると、わかりやすいです。

	Aに	Bに	Cに	Dに
Aは				
Bは				
Cは				
Dは				

●解答・解説

1）～4）の結果を順番に勝敗表に書き込みましょう。

1）AはBに勝っているので、「AはBに」に〇を記入します。

また、同時にBはAに負けていることになるので、「BはAに」に×を記入しましょう。

	Aに	Bに	Cに	Dに
Aは		○		
Bは	×			
Cは				
Dは				

続きは次のページ→

2）3）BはCに勝ち、CはAに負けているため、

　　「BはCに」に○、「CはBに」に×

　　「CはAに」に×、「AはCに」に○

を記入します。

これらすべてを反映すると、下のようになります。

	Aに	Bに	Cに	Dに
Aは		○	○	
Bは	×		○	
Cは	×	×		
Dは				

4）Dは全敗しているので、「Dは」の行はすべて×です。

同じように、「Dに」の列はすべて○になります。

	Aに	Bに	Cに	Dに
Aは		○	○	○
Bは	×		○	○
Cは	×	×		○
Dは	×	×	×	

以上の結果から、完成した表は下のとおりになります。

	Aに	Bに	Cに	Dに
Aは		○	○	○
Bは	×		○	○
Cは	×	×		○
Dは	×	×	×	

2勝1敗なのは、Bのみ（横で読むこと、縦で読むのは誤り）なので、答えはBとなります。

正解	B

POINT

勝敗表は、横で読むこと！
縦で読むと意味が反対になります！

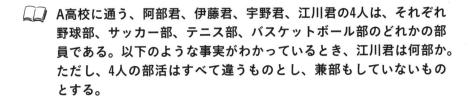

入門問題

A高校に通う、阿部君、伊藤君、宇野君、江川君の4人は、それぞれ野球部、サッカー部、テニス部、バスケットボール部のどれかの部員である。以下のような事実がわかっているとき、江川君は何部か。ただし、4人の部活はすべて違うものとし、兼部もしていないものとする。

・阿部君はバスケットボール部である。
・伊藤君はサッカー部でもテニス部でもない。
・宇野君は野球部でもテニス部でもない。
・江川君は野球部でもバスケットボール部でもない。

POINT

対応関係についても、次のように表で整理をすると
わかりやすいでしょう。

	野球	サッカー	テニス	バスケ
阿部				
伊藤				
宇野				
江川				

●解答・解説

「阿部君がバスケットボール部に〇」「伊藤君がサッカー部に×」などのよ
うに、それぞれの条件を反映すると、下のようになります。

	野球	サッカー	テニス	バスケ
阿部				〇
伊藤		×	×	
宇野	×		×	
江川	×			×

続きは次のページ→

阿部君がバスケットボール部であることがわかるので、他の人のバスケットボール部の部分に×、阿部君の他の部の部分にも×を記入します。

	野球	サッカー	テニス	バスケ
阿部	×	×	×	○
伊藤		×	×	×
宇野	×		×	×
江川	×			×

伊藤君を見ると、野球部以外には所属していないことがわかるので、消去法で野球部が○になります。
同様に、宇野君もサッカー部以外に所属していないので、宇野君のサッカー部が○になります。

	野球	サッカー	テニス	バスケ
阿部	×	×	×	○
伊藤	○	×	×	×
宇野	×	○	×	×
江川	×			×

宇野君がサッカー部なので、江川君はサッカー部ではなくなり、テニス部以外に所属していないことになるため、**江川君は**テニス部になります。
完成した表は以下のようになります。

	野球	サッカー	テニス	バスケ
阿部	×	×	×	○
伊藤	○	×	×	×
宇野	×	○	×	×
江川	×	×	○	×

正解 テニス部

POINT

○と×の関係性に注目！

○がついた部分の縦横はすべて×になり、横か縦で1つ以外に×がついたら、残った1つが○になります。

POINT

数が増えても整理方法は同じ

SPIでは、6人ぐらいまではこの形式で出題されますが、基本的には同じ整理方法で解けます。

81 推論
順序関係

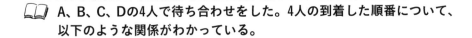

> 入門問題

📖 A、B、C、Dの4人で待ち合わせをした。4人の到着した順番について、以下のような関係がわかっている。

・AはBよりも先に到着した。
・CはAよりもあとに到着した。
・DのあとにはBだけが来た。

このとき、Cは何番目に到着したか。

POINT

関係を「→」を使って考える

順序関係は、対応関係を「→」を使って考えます。次のような表で整理するとわかりやすくなります。

	A	B	C	D
1番				
2番				
3番				
4番				

●解答・解説

実際にそれぞれの関係をまとめていきましょう。

まず、AはBよりも先に到着したので、

・A→Bを記入

・Aは4番ではないのでAの4番に×

・Bは1番ではないので、Bの1番に×

	A	B	C	D
1番		×		
2番				
3番				
4番	×			

続きは次のページ→

次に、CはAよりもあとに到着したので、

・A→Cを表に記入
・Aは3番でもないので（B、Cが後ろにいるため）、Aの3番に×
・Cは1番ではないので（2番の可能性は残っている）、Cの1番に×

	A	B	C	D
1番		×	×	
2番				
3番	×			
4番	×			

最後にDのあとにはBだけが来たので、

・Bが最後に来たので、Bの4番に○
・Dは最後の1つ前（3番目）なので、Dの3番に○

	A	B	C	D
1番		×	×	
2番				
3番	×			○
4番	×	○		

○がすでについている列の縦、横はほかのマスがすべて×になるので、記入して下の図になります。

	A	B	C	D
1番		×	×	×
2番		×		×
3番	×	×	×	○
4番	×	○	×	×

Cは2番以外に×がついたので、Cは2番で決定。1番がA以外に×がついているので、Aは1番で決定。

正解　2番目

82 推論 位置関係

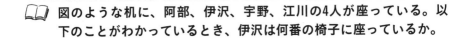

📖 図のような机に、阿部、伊沢、宇野、江川の4人が座っている。以下のことがわかっているとき、伊沢は何番の椅子に座っているか。

1. 阿部の隣に伊沢がいる。
2. 伊沢の正面に江川がいる。
3. 宇野は4番に座っている。

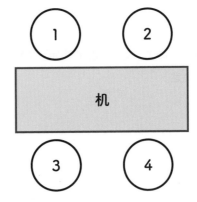

POINT

わかっていることから整理する

位置関係の推論は、非常にいろいろなパターンが存在し、整理も難しいのが特徴です。わかっていることから順番に条件にしていきましょう。

●解答・解説

まず、阿部の隣に伊沢がいるので、

阿部　⇔　伊沢　（横向きのつながり）

であることを書きます。

次に、伊沢の正面に江川がいるので、

阿部　⇔　伊沢
⇕
江川

であることがわかります。

宇野は空いたスペースにしかいられないので、必然的に、阿部の正面、かつ、江川の隣に座っていることがわかります。

続きは次のページ→

次に、宇野が4番に座っているので、宇野を4番の位置に来るようにすると、下のようになります。

伊沢　⇔　阿部
⇕　　　　⇕
江川　⇔　宇野

以上のことから、伊沢が座っているのは1番となります。

正解　1番

POINT

問題文をよく読む

位置関係に関する推論問題に限った話ではありませんが、特にこの系統の問題は、場合の整理と仮説の検証が非常に煩雑であるため、普段に比べて一層しっかりと問題を読みましょう。

推論の問題は、ありうるすべての通りを考えることです。

83 推論
文章題の応用

> ## 入門問題

📖 甲、乙、丙の3つの都市について、表のようなことがわかっている。
このとき、以下の推論の正誤について、正しいものを述べているものを選びなさい。

	人口密度（人/km²）
甲	150
乙	200
丙	300

ア）丙の人口は、甲の人口の2倍である。

イ）人口が同じとき、乙は丙よりも広い。

A．アもイも正しい。

B．アは正しいが、イはどちらともいえない。

C．アは正しいが、イは誤り。

D．アはどちらともいえないが、イは正しい。

E．アもイもどちらともいえない。

F．アはどちらともいえないが、イは誤り。

G．アは誤りだが、イは正しい。

H．アは誤りだが、イはどちらともいえない。

I．アもイも誤り。

POINT

どの文章題に関連するかを見極める

推論の問題には、割合、集合、場合の数など、文章題として出題されていた問題のテーマが出題されることがよくあります。

割合であれば線分図かのひのひ表、集合ならベン図、濃度の問題は塩てんとうなど、問題に合わせて図や表を使って解答するようにしましょう。

問題の種類	解法の例
速さ	線分図
食塩水	塩てんとう
分割払い	線分図
商売算	原定売ののひのひ表
仕事算	のひのひ表
場合の数	樹形図
集合	ベン図

続きは次のページ→

● 解答・解説

甲、乙、丙の人口密度に関する情報だけが与えられて、面積や人口に関するデータは推論のなかに書かれています。

人口密度は、人口÷面積（面積×人口密度＝人口）で示される「単位当たりの量」なので、のひのひ表を使って整理するのが適切です。

	面積	×	人口密度	=	人口
甲		×	150人/km²	=	
乙		×	200人/km²	=	
丙		×	300人/km²	=	

上の表をみながら、推論の検証をしていきましょう。

ア）この場合、人口の情報を得るためには、面積の情報が必要です。ですから、丙の人口が、甲の人口の2倍かどうかを判断することは不可能です。→どちらともいえない。

イ）人口が同じという前提が与えられているので、人口密度と面積の関係について、比で考えることができます。仮に、人口が600人だったときの面積を考えましょう。

	面積	×	人口密度	=	人口
甲	4km²	×	150人/km²	=	600人
乙	3km²	×	200人/km²	=	600人
丙	2km²	×	300人/km²	=	600人

この結果から、乙は丙よりも広いことがわかります。→正しい。
以上の結果から、ア）はどちらともいえない、イ）は正しいとなります。

> **正解** D. アはどちらともいえないが、イは正しい。

84 推論
実践問題❶

📖 　55個のチョコレートをA、B、Cの3人で分けた。このとき、次のことがわかっている。

　　ア）Aは3人のなかで最も多くもらった。
　　イ）Bはチョコレートを16個もらった。

　　このとき、次の推論カ、キの正誤について答えなさい。

カ）Cは15個もらっている。
キ）Aは20個以上もらっている。

A. カもキも必ず正しい。
B. カは必ず正しいが、キはどちらともいえない。
C. カは必ず正しいが、キは必ず誤り。
D. カはどちらともいえないが、キは必ず正しい。
E. カもキもどちらともいえない。
F. カはどちらともいえないが、キは必ず誤り。
G. カは必ず誤りだが、キは必ず正しい。
H. カは必ず誤りだが、キはどちらともいえない。
I. カもキも必ず誤り。

POINT

まずは状況の整理をする

チョコレートを配布する問題です。出題タイプではどれにも当てはまりませんが、整理は表で簡単にできます。

● **解答・解説**

- - - - - - - - - -

もらったチョコレートに関する情報は以下のとおり。

A（最大）	
B	16個
C	

合計55個

カについて、Cが15個のとき、Aは24個となり、問題文を満たしますので、「必ず誤り」ではありません。しかし、仮にCが14個のときでもAは25個で問題文を満たすので、「必ず正しい」わけでもありません。→どちらともいえない。

キについて、チョコレートの残りは39個なので、AとCで分け合う際に、AがBとCよりも多くなるためには、20個以上もらう必要があるので、キは必ず正しいことになります。

以上の結果から、カはどちらともいえないが、キは必ず正しいことがわかります。

> **正解**　D.カはどちらともいえないが、キは必ず正しい。

85 推論
実践問題❷

📖 AとBはサイコロを使った遊びをしている。サイコロを2つ振った合計を得点として、出た得点の大きさで勝負をする。ただし、ゾロ目の場合は、ゾロ目以外の目より強く、ゾロ目同士の場合は、目が小さいほど強いものとする。また、同じ得点は引き分けとする。
　Aがサイコロを振り、3と5の目を出したとき、以下の推論について、正しいものを選んでいるものを答えなさい。

ア）Bの目の一方が4のとき、勝てる確率は1/3である。

イ）Bの目の一方が5のとき、勝てる確率は1/2である。

ウ）Bの目の一方が6のとき、勝てる確率は2/3である。

A. アのみ

B. イのみ

C. ウのみ

D. アとイ

E. アとウ

F. イとウ

G. アとイとウ

H. 正しいものはない

POINT

各推論が条件で、計算量が3倍

推論の問題ではありますが、実態は、普通の確率の問題を3回解かされる、という問題です。条件の整理を素早く行い、速く解けるようになりましょう。

●解答・解説

ルールに合わせて、各推論を検討すると、以下のようになります。

ア）Bのもう一方のサイコロの目が4（ゾロ目）、5、6であれば勝てるので、勝てる確率は1/2になります。

イ）Bのもう一方のサイコロの目が4、5（ゾロ目）、6であれば勝てるので、勝てる確率は1/2になります。

ウ）Bのもう一方のサイコロの目が3、4、5、6（ゾロ目）であれば勝てるので、勝てる確率は2/3になります。

以上のことから、正しいものはイとウになります。

正解 F. イとウ

86 推論
実践問題❸

📖 P、Q、R、S、Tの5人で競走を行った。同着の人はいなかったものとして、以下のことがわかっている。

ア）Pは3位以下だった。
イ）QはPよりも遅かった。
ウ）SはTより速かった。

このとき、以下の推論カ、キ、ク、について、必ず誤りであるものを選びなさい。

カ）QはSより速かった。
キ）PはTより速かった。
ク）Qは最下位だった。

A. カのみ
B. キのみ
C. クのみ
D. カとキ
E. キとク
F. カとク
G. カとキとク
H. なし

POINT

場合が多すぎるときは…?

順位などの問題で、条件の量が少なく、場合分けの数が多くなってしまう場合、判断する推量について、「当てはまるもの」と「当てはまらないもの」を考えましょう。当てはまるものがあれば「必ず誤りではない」、当てはまらないものがあれば「必ず正しいわけではない」、両方あれば「どちらともいえない」と断言できるようになります。

●解答・解説

問題文のとおりに整理すると、以下のようになります。

ア）Pは3位以下なので、1・2位ではありません。

イ）QはPよりも遅いので、Qは1・2・3位ではなく、Pは5位ではありません。

ウ）SはTよりも速いので、Sは5位ではなく、Tは1位ではありません。

	1	2	3	4	5
P	×	×			×
Q	×	×	×		
R					
S					×
T	×				

続きは次のページ→

PとQの順位によって場合分けをします。このとき、Rの位置で、SとTが順番に決まります。

1）Pが3位、Qが4位

R－S－P－Q－T　　　　S－R－P－Q－T　　　　S－T－P－Q－R

の3通りになります。

2）Pが3位、Qが5位

R－S－P－T－Q　　　　S－R－P－T－Q　　　　S－T－P－R－Q

の3通りになります。

3）Pが4位、Qが5位

R－S－T－P－Q　　　　S－R－T－P－Q　　　　S－T－R－P－Q

の3通りになります。

以上の結果から、推論を1つずつ検証していきましょう。

カ）Sは必ずQより速いので、必ず誤りです。

キ）PはTより速いこともあれば、遅いこともあります。

ク）Qが最下位でないこともあります。

以上から、必ず誤りなのはカのみとなります。

正解　A.カのみ

別解

POINTでも紹介した方法を考えます。

問題文では「誤っているもの」を選ぶ必要があります。

なので、「推論が正しくなる」例を1つ挙げられれば、選択肢を狭めることができます。

カ）QよりもSを遅くしようとすると、P－Q－Sの流れをつくる必要がありますが、TがSより遅いことにならないので、実現できません。⇒必ず誤りです。

キ）PをTより速くしようとするとP－Q－Tか、P－T－Qとして、1位と2位をSかRとすると実現できます。⇒誤りではありません。

ク）Qを最下位にするためには、P－T－Qとして、SとRを1位と2位にすれば実現できます。⇒誤りではありません。

以上の結果より、正解は「A.カのみ」となります。

> **正解　A.カのみ**

87 推論
実践問題❹

A、B、Cはババ抜きをしており、それぞれの手札について、以下の証言をしている。ただし、ババは1枚であるとする。

A：ババをもっていない。
B：Aはババをもっている。
C：ババはもっていない。Bがもっている。

1) ババをもっている人間だけが嘘をついているとき、ババをもっているのは誰か。
2) 2人が嘘をついているとき、必ず嘘をついているのは誰か。

POINT

「嘘をついているとき」と仮定する

嘘をつく条件がついている問題なので、ババをもっている人を仮定して、嘘をつける条件と照らし合わせると考えやすいでしょう。

●解答・解説

1）ババを誰がもっているかで場合分けをすると、

・Aがもつ⇒Aは嘘、Bは本当、**Cは嘘**なので不適切。
・Bがもつ⇒Aは本当、Bは嘘、Cは本当なので適切。
・Cがもつ⇒Aは本当、**Bは嘘**、Cは嘘なので不適切。
（下線を引いた部分が不適切な理由）

となるので、B がもっていることがわかります。

正解　B

2）1）と同様に考えて、条件に当てはまる状況をみつけましょう。

・Aがもつ⇒Aは嘘、Bは本当、Cは嘘。
・Bがもつ⇒Aは本当、Bは嘘、Cは本当。
・Cがもつ⇒Aは本当、Bは嘘、Cは嘘。

2人が嘘をついているのはAかCがもっている場合であり、どちらでも嘘を
ついているのは**C**であることがわかります。
よって、答えは C です。

正解　C

88 推論
実践問題❺

　中学生のAさんの英語、国語、数学、理科、社会の5科目の成績について以下のことがわかっている。

　ア）5科目の平均点は65点だった。
　イ）40点以下の点数の科目はない。
　ウ）英語、国語、数学は平均75点だった。

　このとき、以下の推論P、Qの正誤について答えなさい。

P）理科の点数は60点である。
Q）社会の点数は50点である。

A．PもQも必ず正しい。

B．Pは必ず正しいが、Qはどちらともいえない。

C．Pは必ず正しいが、Qは必ず誤り。

D．Pはどちらともいえないが、Qは必ず正しい。

E．PもQもどちらともいえない。

F．Pはどちらともいえないが、Qは必ず誤り。

G．Pは必ず誤りだが、Qは必ず正しい。

H．Pは必ず誤りだが、Qはどちらともいえない。

Ｉ．PもQも必ず誤り。

POINT

平均は合計に直す

平均に関する問題です。平均のままでは考えにくいので、合計に直して考えましょう。

● 解答・解説

ア）～ウ）の条件を整理していきましょう。

ア）より、

　5科目の合計点は、平均点65点×5科目＝325（点）

ウ）より、

　英国数の合計点は、平均点75点×3科目＝225（点）

なので、残りの**理社の合計点は325－225＝100（点）**

となります。

イ）の条件から、40点以下の科目がないので、理科も社会も、41点から59点の間の点数しかとることができません。よって、Pの「理科の点数は60点」は「**必ず誤り**」であることがわかります。

Qについては、社会が50点であることは問題ありませんが、51点でも問題ないので、「どちらともいえない」となります。

よって、答えはPは**必ず誤り**、Qはどちらともいえないになります。

> **正解**　　H. Pは必ず誤りだが、Qはどちらともいえない。

PART **2**

非言語分野

89 推論 実践問題❻

📖 AさんからFさんの6人が、1列当たり3人で2列に
並んでいる。このとき、以下のことがわかって
いる。

前

○ ○

○ ○

○ ○

後

P）AはBより前に並んでいる。
Q）CとDは隣同士である。
R）EはFより後ろに並んでいる。

このとき、次の推論について、必ずしも誤りで
はないものを答えなさい。

X）AとFは隣同士である。

Y）CはBより前に並んでいる。

Z）AとEは隣同士である。

ア. Xのみ

イ. Yのみ

ウ. Zのみ

エ. XとY

オ. XとZ

カ. YとZ

キ. XとYとZ

ク. すべて誤り

POINT

条件を整理して、正しいかどうかを考える

位置関係に関する推論の問題です。事実を整理することで、推論が
正しいかどうかを考えましょう。
「誤りではない」という条件は、正しい例を1つみつければよいので、
条件に合うものを探すとよいでしょう。

●解答・解説

P）の条件とR）の条件がそろっていないので、そろえると以下のように
なります。

　P）AはBより前
　R）FはEより前

Q）ですでにCとDが隣同士とわかっているので、必然的にAとF、そしてB
とEは隣同士ということになります。

以上のことから、Xは必ず正しく、Zは必ず誤りとなります。次に、Yの「C
はBより前に並んでいる」ですが、下のような状況であ
れば、条件を満たすため、誤りではありません。
以上の結果から、必ずしも誤りではないものはXとYと
なります。

前

後

正解　エ. XとY

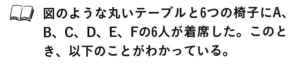

90 推論
実践問題 ❼

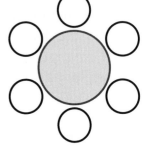

📖 図のような丸いテーブルと6つの椅子にA、
B、C、D、E、Fの6人が着席した。このと
き、以下のことがわかっている。

P）Aの隣はBでもCでもない。
Q）Bの隣はDでもFでもない。
R）Dの正面はBでもEでもない。

このとき、以下の推論について
正しいものを答えなさい。

ア）Bの隣にはCとEがいる。

イ）Cの正面にはAがいる。

ウ）Dの隣にはFがいる。

A. アだけ

B. イだけ

C. ウだけ

D. アとイ

E. アとウ

F. イとウ

G. アとイとウ

H. すべて誤り

情報をある程度決めてもよい

位置情報に関する推論の問題です。円順列の問題に近しいので、図をそのまま使いましょう。

また、問題文の条件だけでは、誰がどの席に座っているか特定できないので、Aを一番上に固定しましょう。

●解答・解説

誰がどの席に座っている、という条件がないため、Aが一番上の席と仮定し、右の図のように2〜6を配置します。

Bに関して考えると、P）の条件からAの両隣ではないので、2と6はありえなくなります。

ここから、Bが3、4、5のどこにいるかで場合分けをすることができるようになります。

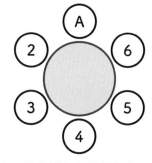

場合分けのあと、Q）とR）の条件から、D、E、Fのいると思われる位置と、どう並んでいるかを考えましょう。Q）とR）の両方に出現しているBとDの関係を考えると、お互いに正面と両隣がNGになるので、考えやすくなります。

続きは次のページ→

1）Bが3にいるとき⇒Dは5にいます。

　　次に、Q）の条件から、Fは6にいます。

　　次に、R）の条件から、Eは4にいます。

　　しかし、Cが2にいることになり、P）を満たさないので、不適切な場合分けになります。

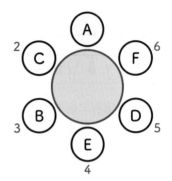

2）Bが4にいるとき⇒Dは2か6にいます。

　　次に、Q）の条件から、Fは2か6のうち、**Dがいないほう**に入ります。

　　次に、R）の条件から、Eは3か5のうち、**Dの正面ではないほう**に入ります。

　　残ったところにCが入ります。図にすると以下の2通りになります。

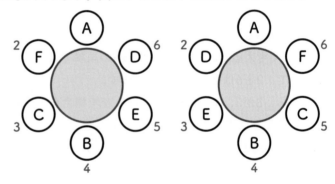

3）Bが5にいるとき⇒Dは3にいます。

（以下、基本的には、1）と線対称になります。）

次に、Q）の条件から、Fは2にいます。

次に、R）の条件から、Eは4にいます。

しかし、Cが6にいることになり、P）を満たさないので、不適切な場合分けになります。

結果的に、正しい場合分けは、2）Bが4にいるときの場合分けになります。

　ア）Bの隣にはCとEがいる。⇒正しい

　イ）Cの正面には、Aがいる。⇒誤り（Dがいる）

　ウ）Dの隣にはFがいる。⇒誤り（AとEがいる）

以上の結果から、正しいものは「Bの隣にはCとEがいる」となります。

> **正解　A. アだけ**

91 推論
実践問題❽

📖 A、B、C、D、Eの5人は、りんご、みかん、ぶどう、バナナ、もも
のどれか1つが好きです。A、B、Cは、ぶどう、バナナを好きでは
ないことがわかっているとき、以下の推論の正誤について、正しく
述べているものを答えなさい。ただし、複数人が同じ果物を好きと
いわないものとします。

P）Dはみかんが好きである。

Q）Eはバナナが好きである。

ア. PもQも必ず正しい。

イ. Pは必ず正しいが、Qはどちらともいえない。

ウ. Pは必ず正しいが、Qは必ず誤り。

エ. Pはどちらともいえないが、Qは必ず正しい。

オ. PもQもどちらともいえない。

カ. Pはどちらともいえないが、Qは必ず誤り。

キ. Pは必ず誤りだが、Qは必ず正しい。

ク. Pは必ず誤りだが、Qはどちらともいえない。

ケ. PもQも必ず誤り。

POINT

対応表は必ず描く

対応関係の問題ですが、情報が1つしかありません。しかし、対応関係の表にしてみると、非常に重要な情報が隠れています。対応関係の問題では、表を必ず描くようにしましょう。

●解答・解説

条件を表にすると下のようになります。

	A	B	C	D	E
りんご				△	△
みかん				△	△
ぶどう	×	×	×		
バナナ	×	×	×		
もも				△	△

このとき、ぶどう、バナナが好きな人もいるため、**DやEはぶどうかバナナ以外を選ぶことができなくなります。**図の△で示した部分は、必ず×になります。よって、Pは必ず誤りになります。

また、Qについては、Eはバナナを選択できるため、どちらともいえないになります。

以上の結果、「Pは必ず誤りだが、Qはどちらともいえない」が答えになります。

> **正解** ク. Pは必ず誤りだが、Qはどちらともいえない。

92 推論
実践問題❾

📖 Aさん、Bさん、Cさんの3人でジャンケンをした。1回目、2回目は勝負がつかず、3回目で少なくともAさんが勝ち残った。このとき、以下のことがわかっている。

1) Aさんは、3回連続でグーを出した。
2) Bさんは、グー、チョキ、パーを1回ずつ出した。

このとき、Cさんが出した手が1回目、2回目、3回目すべてわかるのは、次のP、Q、Rのうち、最低限どれがわかったときか。

P）3回戦は、2人が勝ち残った。

Q）Cはパーを使わなかった。

R）Bは2回戦でパーを出した。

A．Pだけ

B．Qだけ

C．Rだけ

D．PとQ

E．QとR

F．PとR

G．PとQとR

H．すべてわかってもわからない

POINT

条件を1つずつ吟味する

ジャンケンの出し方の問題です。条件をそれぞれ吟味して、必要な情報がなにかを見極めましょう。

解答・解説

誰が何回目になにを出したのかを考えるために、表をつくりましょう。

	A	B	C
1回目	グー		
2回目	グー		
3回目	グー		

まず、Aは3回連続でグーを出しているのと、3回目に勝っているので、3回目のB、Cは、「グーかチョキ」を出しています。また、Bは「グー、チョキ、パーを1回ずつ」出しているので、その条件も考えましょう。

PART 2

非言語分野

続きは次のページ→

253

3回目で勝った人は、Aだけか、AとBか、AとCか、という3通りになるので、その場合を考えます。

Bが残った手を出す順番は、いったん考えなければ、Cが出す手も考えられます。結果的に、6通りに絞られます。

・Aだけ

	A	B	C
1回目	グー	パー	チョキ
2回目	グー	グー	グー
3回目	グー	チョキ	チョキ

・AとB

	A	B	C
1回目	グー	チョキ	パー
2回目	グー	パー	チョキ
3回目	グー	グー	チョキ

・AとC

	A	B	C
1回目	グー	パー	チョキ
2回目	グー	グー	グー
3回目	グー	チョキ	グー

ここまで絞れば、P、Q、Rの条件がそれぞれどのような情報になるのかが
わかります。

P：2人が勝ち残るパターンだけの4通りに絞ります。

Q：Cがパーを使わないパターンだけの4通りに絞ります。

R：Bの手を出す順番を絞ります。3通りに絞られます。

以上のことがわかります。

さて、選択肢を選んでいきますが、

・P、Q、Rのうち1つだけだと、それぞれどのパターンなのかがわかりま
  せん。

・P、Qだけだと、AとCが3回目に勝ったことがわかりますが、出した手
  の順番がわかりません。

・PとR、QとRだけだと、2つにまで絞られますが、どちらかがわかりませ
  ん。

・PとQとRのすべてがそろうと、AとCが3回目に勝つパターンで、Cがグー
  →チョキ→グーと出したことがわかります。

よって、答えは「G.PとQとR」になります。

| 正解　　G.PとQとR |

93 推論
実践問題 ❿

📖 桃と栗と柿が合計9個あり、それぞれの個数は異なっている。このとき、3つのことが考えられる。

A）桃、栗、柿の順番に多く、桃は栗と柿の個数の和よりも多い
B）柿は1個だけある
C）桃と栗の個数は奇数同士か、偶数同士である

このとき、次の仮説P、Q、Rのなかで、正しいものを選んでいる選択肢を選びなさい。

P）Aが正しいとき、Bも正しい

Q）Bが正しいとき、Cも正しい

R）Cが正しいとき、Aも正しい

ア. Pのみ

イ. Qのみ

ウ. Rのみ

エ. PとQ

オ. QとR

カ. PとR

キ. PとQとR

ク. すべて必ずしも正しくない

POINT

それぞれの条件を整理しておく

1つが正しいとき、もう1つが正しいかどうかを問われる問題です。
それぞれの条件において、わかる内容をしっかりと書き出して整理
しておき、それらが何を示すのかを考えましょう。

● 解答・解説

問題パターンについては、**POINT**で述べたとおり書き出し型の問題になり
ます。まず、9個の分け方について考えましょう。

異なる個数ずつあるので、
(1,2,6)(1,3,5)(2,3,4)
のどれかになります。ここは書き出して考えましょう。
これらを、A、B、Cそれぞれについて当てはめていきます。

A) 桃、栗、柿の順番に多く、桃は栗と柿の個数の和よりも多い
　　個数の組み合わせのなかで、2番、3番の和が1番よりも小さくなるの
　　は
　　(1,2,6)(1,3,5)
　　の2組になります。よって、
　　(1-柿、2-栗、6-桃)(1-柿、3-栗、5-桃)
　　の2通りに絞られます。

続きは次のページ→

B）柿は1個だけある

柿が1個なので、

（1－柿、2－栗、6－桃）（1－柿、3－栗、5－桃）

（1－柿、2－桃、6－栗）（1－柿、3－桃、5－栗）

の4通りが候補となります。

C）桃と栗の個数は奇数同士か、偶数同士である

条件に合うものを考えると

（1－柿、2－栗、6－桃）（1－柿、2－桃、6－栗）

（1－柿、3－栗、5－桃）（1－柿、3－桃、5－栗）

（1－栗、3－柿、5－桃）（1－栗、3－桃、5－柿）

（1－桃、3－柿、5－栗）（1－桃、3－栗、5－柿）

（2－栗、3－柿、4－桃）（2－桃、3－柿、4－栗）

の10通りとなります。

選択肢の検証をしていきましょう。

P）Aが正しいとき、Bも正しい

　　Aの組は、柿が必ず1個しかないため、Bは必ず正しくなります。

　　Bに挙げた候補のうち、太字のものがAの候補です。

Q）Bが正しいとき、Cも正しい

　　Bの候補にある桃と栗の個数をみてみると、必ず偶数同士か、奇数同士になっています。よって、正しいです。

　　Cに挙げた候補のうち、太字のものがBの候補です。

R）Cが正しいとき、Aも正しい

　　Cの候補がすべてAの候補になっているわけではないため、必ず正しいということにはなりません。

以上の結果から、正しい推論はPとQとなります。

正解　エ. PとQ

94 グラフの領域❶

〔受検方式〕
テストセンター　WEB／インハウス　**ペーパー**

POINT

式の意味をグラフで考える

ペーパーテストでのみ出題されるグラフの問題ですが、中学生のときに習って、それっきりという人も多いと思います。今のうちに復習しておきましょう。

まず、選択肢のグラフは、基本的には $x > a$ や $y > ax + b$ のように、左辺に x や y だけが書かれた「丁寧な形」になっているので、**式の変形を無理にする必要はありません**。式の形を見て、グラフ上でどの部分にあたるのかを、冷静に考えるようにしましょう。

左が y であり、不等号が $>$ であればグラフの線より上、$<$ であれば、グラフの線より下が求める領域になります。

例えば、下の式が意味する領域は、右ページのそれぞれの斜線部分に相当します（$a \sim d$ はすべて正とします）。

① $y < ax - b$
② $y > cx^2$
③ $d > x > 0$

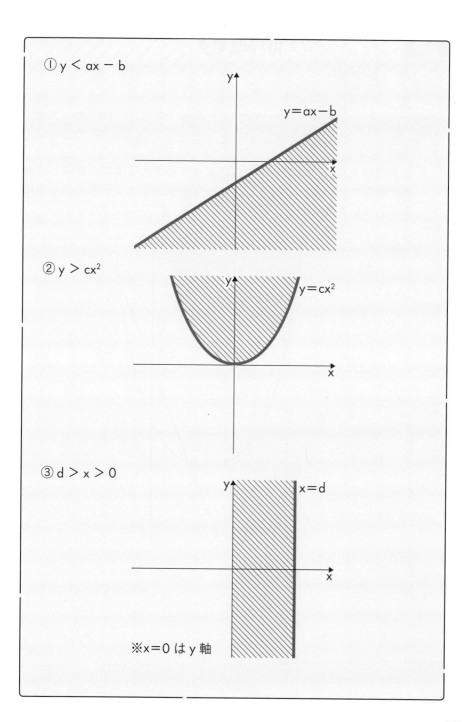

① $y < ax - b$

$y = ax - b$

② $y > cx^2$

$y = cx^2$

③ $d > x > 0$

$x = d$

※$x = 0$ は y 軸

95 グラフの領域❷

問題

📖 直交座標上に、次のア〜ウの式によって示される境界の直線と放物線が書かれている。このとき、ア〜ウの条件によって表される領域を示している番号はどこか答えよ。

ア：$y < 4x - 3$
イ：$y > x^2$
ウ：$0 < x < 2$

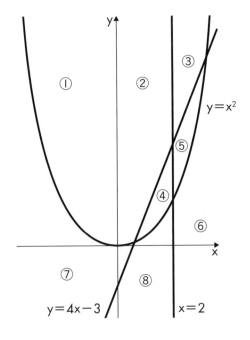

●解答・解説

- - - - - - - - - - -

ア、イ、ウのそれぞれの条件について考えていきます。

ア：y＝4x－3の直線よりも下にあります。

　　→④、⑤、⑥、⑧が該当

イ：y＝x^2の曲線よりも上にあります。

　　→①、②、③、④、⑤が該当

ウ：y軸よりも右にあり、x＝2よりも左にあります。

　　→②、④、⑧が該当

以上の条件を、グラフ上で満たすのは④のみです。

正解	④

96 グラフの領域❸

> ## 問題

📖 直交座標上に、次のア〜ウの式によって示される境界の直線と放物
線が書かれている。このとき、網掛けがされている部分の条件を正
しく表している部分をすべて答えなさい。

ア：$y=x^2$
イ：$y=x+3$
ウ：$y=-x+3$

A. $y>x^2$
B. $y<x^2$
C. $y>x+3$
D. $y<x+3$
E. $y>-x+3$
F. $y<-x+3$

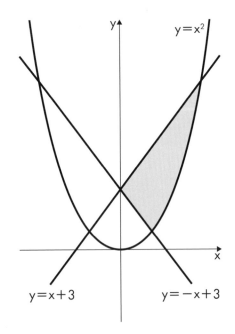

POINT

網掛けが線より上か下かで判断する

グラフの問題では、網掛けの部分が、境界線よりも上にあるかどう
かでその条件を決めましょう。
上にあれば「y＞」、下にあれば「y＜」として表現します。

● 解答・解説

網掛けの部分に注目します。

まず、ア：y＝x²との関係ですが、網掛けの部分はこの線よりも上にあり
ます。よって、y＞x²になります。

次に、イ：y＝x＋3との関係ですが、網掛けの部分はこの線よりも下にあ
るので、y＜x＋3となります。

最後に、ウ：y＝－x＋3との関係ですが、網掛けの部分はこの線よりも上
にあるので、y＞－x＋3となります。

以上の結果から、A、D、Eが正解となります。

正解　A、D、E

97 条件と領域

問題

📖 スーパーで、りんごとみかんを合わせて12個まで購入する。りんご
は3個以上、みかんは2個以上買う予定である。横軸にりんごの個数、
縦軸にみかんの個数を書いて座標上にプロットするとき、この条件
に合う買い方を示した図はどれか。

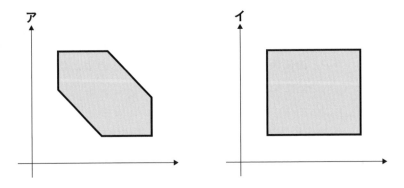

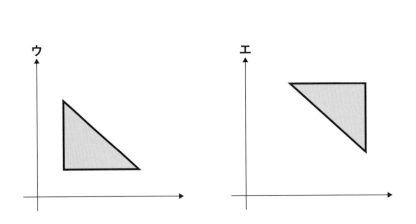

POINT

グラフの形や、数値条件を細かく整理する

グラフの領域に続いて、条件と領域の問題です。この問題で意識するべきなのは、「境界線」になります。

● 解答・解説

りんごとみかんを合わせて12個まで購入するので、下の図の斜めの線よりも下にある部分が対象になります。

りんごが3個以上なので、下の図の縦の線よりも右側が対象です。同じく、みかんが2個以上なので、横の線よりも上側が対象になります。

以上の結果から、3つの線に囲まれてできた三角形が求めるプロットになるので、「ウ」の形が正解になります。

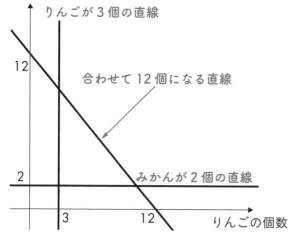

正解　ウ

98 物の流れ❶

POINT

図の性質を理解しておく

人や物の流れを示した図に関する問題です。特徴的な図が出てきますが、基本的な考え方は、下にまとめたとおりになります。

1) 基本形

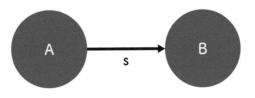

Aからsの確率でBに移動するという意味。

なので、B＝sAという表現ができます。

2）基本形の横連結

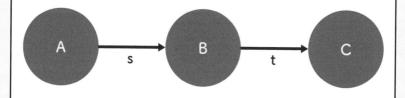

Aからsの確率でBに移動し、さらにBからtの確率でCに移動するという意味。

なので、C＝tB＝stAと表現できます。

3）基本形の縦連結

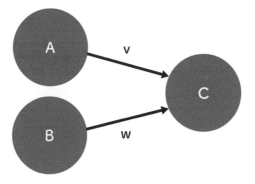

Aからvの確率でCになり、Bからwの確率でCになる流れが合流する、という意味です。

なので、C＝vA＋wBと表現できます。

99 物の流れ❷

問題

次の図は、収穫されたとうもろこしの流れを図にしたものである。このとき、飼料になるとうもろこしについて、正しく表しているものを答えなさい。

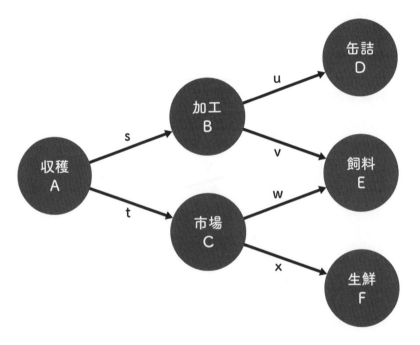

ア. E＝svA

イ. E＝twA

ウ. E＝wC

エ. E＝(sv＋tw)A

オ. E＝(st＋vw)A

POINT

基本図の応用が出るだけ

物の流れに関する問題は、基本の図が何個にも重なって、複雑に見える図をつくっているだけです。ですから、**基本の図をもとに掛け算と足し算を繰り返す**だけで、簡単に解くことができます。

●解答・解説

飼料になるとうもろこしはEです。そのEになる前には、BとCがあるため、基本形の縦連結を考えて、

$$E = vB + wC$$

となります。

また、B、CはそれぞれAから来ているので、

$$B = sA$$
$$C = tA$$

となります。

この式をそれぞれ合わせると、

$$E = v \times (sA) + w \times (tA)$$
$$= svA + twA$$
$$= (sv + tw)A$$

となります。

正解　エ. $E = (sv + tw)A$

100 装置

POINT

「装置」とは？

装置に関する問題の前に、まず、「装置とはなにか」ということについて理解しましょう。簡単にいうと、「左や上からの入力に対して、なんらかの処理をした結果を右や下へ出力する」のが、SPIでの装置です。

わかりやすいのは、以下のような装置でしょう。

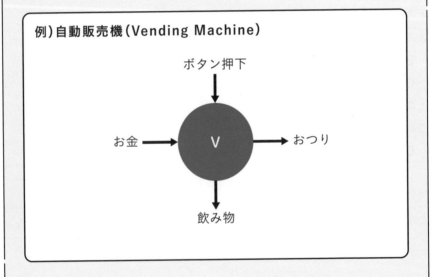

例）自動販売機（Vending Machine）

ボタン押下

お金 → V → おつり

飲み物

POINT

装置の性質をメモしておく

装置の問題を解くうえで必要になるのは、「装置の性質をメモすること」です。基本的に、**装置の問題はペーパーテストでしか出題されないので**、紙面上での装置のメモの方法などを紹介していきます。装置の問題は年々傾向が変わり、さまざまな装置が出題されますが、基本的な性質はだいたい同じで、「1つか2つの入力から、1つの出力をつくる」という点は共通しています。

以上のことから、装置の問題を、傾向別にみていきましょう。

装置の基本形

入力
（多くて2つ）　→　装置　→　出力
（基本1つ）

PART
2

非言語分野

101 装置
0と1を扱う

> 問題

📖 次のような装置A、Bを使って、図のような回路を組み立てた。この
とき、a〜dの入力とzの出力の組み合わせが正しいものを選びなさい。

装置 A

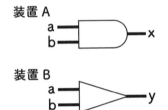

a	b	x	y
0	0	0	0
1	0	0	1
0	1	0	1
1	1	1	1

装置 B

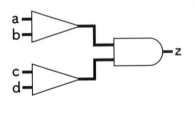

	a	b	c	d	z
ア	1	0	0	1	0
イ	0	0	1	1	1
ウ	1	0	0	0	0
エ	1	1	1	0	0

POINT

回路の途中に「0」や「1」を書く

回路の問題を解くうえで重要になるのが、回路図のなかに、実際に出力される数値を書き込むことです。慣れない間は、回路図内に書き込むようにしましょう。

●解答・解説

実際に、回路図に数値を書いて、それぞれの答えを吟味しましょう。回路図自体は、余白に書くなどして、ア〜エの4つを用意します。

（ア）の検討

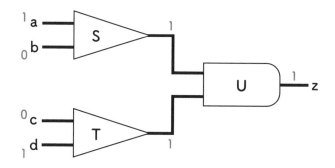

便宜上、S、T、Uと装置に名前を書きます。

Sは、aが1、bが0なので、出力結果が1になります。

Tは、cが0、dが1なので、出力結果が1になります。

Uは、Sからの出力が1、Tからの出力が1なので、出力結果が1になります。

よって、アは間違いです。

続きは次のページ→

（イ）の検討

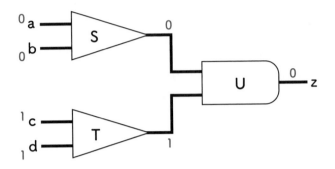

Sはaが0、bが0なので、出力結果が0になります。

Tはcが1、dが1なので、出力結果が1になります。

UはSからの出力が0、Tからの出力が1なので、出力結果が0になります。

よって、イは間違いです。

（ウ）の検討

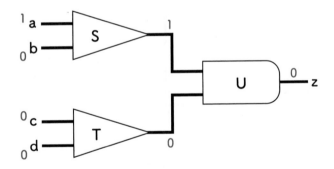

Sはaが1、bが0なので、出力結果が1になります。

Tはcが0、dが0なので、出力結果が0になります。

UはSからの出力が1、Tからの出力が0なので、出力結果が0になります。

よって、ウは正しいです。

（エ）の検討

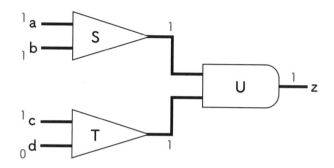

Sはaが1、bが1なので、出力結果が1になります。

Tはcが1、dが0なので、出力結果が1になります。

UはSからの出力が1、Tからの出力が1なので、出力結果が1になります。

よって、エは間違いです。

以上の結果から、正しいものはウとなります。

正解　ウ

102 装置
ブラックボックス

📖 次のようなA、B、Cの装置を使って図のような回路をつくった。このとき、（　　）に当てはまる数字はどれか。

A：2つの数の和を出す。

B：2つの数の積を出す。

C：2つの数のうち、大きいほうを出す。

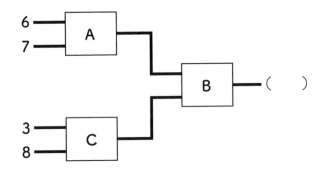

ア. 42

イ. 56

ウ. 77

エ. 104

POINT

回路図に入力と出力の情報を書き込む

0と1を扱う装置と同様に、入力と出力の情報を書き込むことで、
問題を解くことができます。

●解答・解説

この問題の場合、各選択肢の検討がないため、図にそのまま書き込んでし
まってよいでしょう。

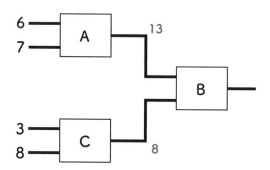

まずAは6と7の入力があるので、足し算をして13が出力されます。
次に、Cは3と8の入力があるので、大きいほうの8が出力されます。
最後に、BはAから13、Cから8が出力されるため、掛け算をして104が出
力されます。

正解 エ.104

103 装置 穴抜け

問題

📖 次のようなA、B、Cの装置を使って図のような回路をつくった。このとき、（　　）に当てはまる装置はどれか。

A：2つの数の和を出す。

B：2つの数の小さいほうを出す。

C：（　　）

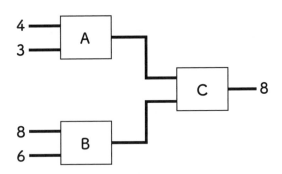

ア. 2つの数の積を出す。

イ. 2つの数の小さいほうを出す。

ウ. 大きいほうの2倍から小さいほうを引いた数を出す。

エ. 2つの数の和から10を引いた数を出す。

入力と出力から中身を出す

出力結果から、装置の中身を考える問題です。基本的には、入力と
出力の内容を書き込み、選択肢を吟味することで答えを考えます。

● 解答・解説

A、Bの装置はわかっているので、その分を書いていきましょう。

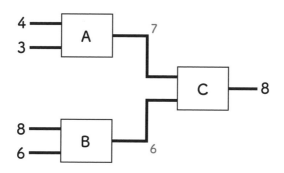

Aは4と3の入力から、7が出力されます。

Bは8と6の入力から、6が出力されます。

Cは7と6の出力から、8が出力されています。ですから、ア〜エの選択肢
を吟味すると、アは42、イは6、ウは8、エは3となることから、**ウが答え
になる**ことがわかります。

> **正解** ウ.大きいほうの2倍から小さいほうを引いた数を出す。

〔受検方式〕
テストセンター | WEB／インハウス | ペーパー

104 _{装置} 確率の混合

装置

問題

装置Pは、2つの入力が両方1のとき、75%の確率で1を出力し、それ以外の入力では0を出力する。装置Qは2つの入力が両方1であれば1を出力し、それ以外の入力では0を出力する。今、装置PとQの回路を使って、以下のような回路をつくり、すべての入力を1にした。このとき、Qからの出力Xが1になる確率はいくらか。

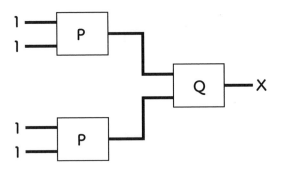

ア. 3/16

イ. 7/16

ウ. 9/16

エ. 15/16

最難関⇒ほかの問題から解答する

装置の問題のなかでも、特に難しいのが、確率が絡む問題です。基本的には、問題文を読み、解けそうな問題を解いたうえで、ほかの問題に移ったほうが良策でしょう。

●解答・解説

Xが1になるための条件をおさらいしておきましょう。Qへの入力は、両方Pからの入力であるのと、2つあるPの入力はすべて1なので、2つのPは両方とも75%の確率で1を出力します。

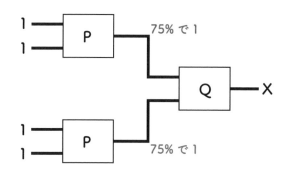

ここで、Xが1になるのは、Qへの入力が両方1である場合なので、

$3/4 \times 3/4 = 9/16$

となります。

| 正解 | ウ.9/16 |

SPI試験の基礎能力検査では
何を見られている?

企業がSPIを採用する理由としてよくいわれるのが
人数を絞るためということですが、本当のところ
基礎能力検査はどのような意図で行われているのでしょうか。

- -

　企業が学生に課している採用試験のなかでも、SPI の言語・非言語による基礎能力検査は、人数を絞る目的で使われている面もありますが、企業は、この試験によって「論理的な思考能力があるか」を測定しようとしています。

　「論理的な思考を、国語や算数だけで測れるのか」という疑問をもつ方もいるかと思いますので、そのことについて簡単に結論をつけると「他の指標よりも学生同士を平等に測れる」という点が優れています。

　学生の学部・学科に関係なく、国語や算数の問題を解答する力は、義務教育までに学習し、平等にその能力を習得している「はず」です。小中学校までに平等に学び、高校や大学でも常に扱ってきた国語や算数などの能力を測ることで、論理的な思考をする力を測定しようというのが、企業が SPI 試験を課す理由です。

　また、受検の際の不正行為についてですが、これは、のちの面接やディスカッションのなかで、ボロが出てしまうほど致命的でなければ問題ない、ということで、企業としても容認をしていると考えられます。企業が重視するのは、性格や職務・組織への適応性を見る、性格検査の内容のほうなのです。

PART

3

言語分野

本章では、言語分野について扱っていきます。
語彙力については、本書だけで終わらせることなく、
より多くの言葉を吸収して、
自分の力にしていくようにしましょう。

言語分野攻略の基本方針

─ 知らない語句や漢字を恐れない ─

　前章では、非言語分野の攻略を主眼に解説を行ってきましたが、本章では言語分野の攻略を行います。そのうえで重要になるのが、「知らない言葉を恐れないこと」です。

　熟語や慣用句は、漢字がふんだんに使われていたり、他の言葉に置き換えることができるため、意味を推測することができる問題が多くあり、これをもとにして解答をしていくことがよくあります。

　この事実を踏まえて、言語分野の攻略をしていきましょう。

─ 熟語などの分野で得点UPを狙う ─

　語彙力を上げることで、言語分野の得点を上げることができます。本書に掲載の問題に限らず、さまざまな問題を解いて、語彙を増やしておきましょう。

本章の構成

　この章では、SPIで出題される問題のなかで、「簡単にわかりやすいものから」攻略をしていきます。

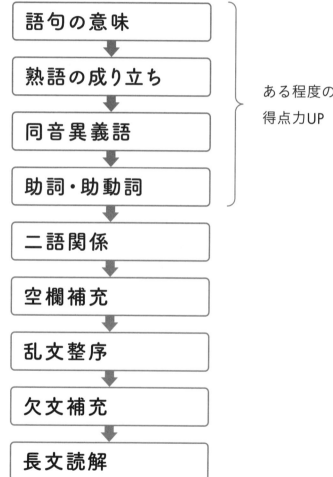

| 語句の意味 |
| 熟語の成り立ち |
| 同音異義語 |
| 助詞・助動詞 |

ある程度の勉強で
得点力UP

| 二語関係 |
| 空欄補充 |
| 乱文整序 |
| 欠文補充 |
| 長文読解 |

1 語句の意味
語句の意味
語句→意味

📖 次の語句の意味を示すものとして、最も適切なものをア〜エのなか
から選びなさい。

【1】常識
ア：常に戦場にいる気持ちでいるべきという格言
イ：広く一般に知られている知識のこと
ウ：たくさんの知識をもっているということ
エ：個人が正しいと思っている知識のこと

【2】萎靡
ア：調子に乗り、奢ること
イ：元気いっぱいにはしゃぐこと
ウ：嬉しいことがあり、にこやかなこと
エ：元気がなくなり、しおれること

POINT

知らない語句は、漢字から推測する

語句から意味を答える問題です。知らない語句もありますし、知っている語句でも、意味を辞書で調べたことのない言葉が出てきます。このとき、漢字であれば、漢字から意味を類推することが可能です。

● **解答・解説**

【1】はおそらく解けることでしょう。常識の意味は、「**イ：広く一般に知られている知識のこと**」です。

> 正解　イ

【2】はどうでしょう。「いび」と読みますが、その意味を答えるのは難しいかもしれません。

しかし、一文字目の漢字「萎」については、「萎える（なえる）」という意味でよく使われています。この漢字で、ア〜ウのような意味をつくる場合、否定の意味をもつ「非」「未」「不」「無」などのニュアンスがある必要があります。

また、選択肢の内容をみても、ア〜ウが明るい意味である反面、エだけが暗い意味になります。以上のことから、エの選択肢を選ぶことができます。

> 正解　エ

2 意味→語句
語句の意味

📖 **次の意味を示す語句として、最も適切なものをア～エのなかから選びなさい。**

【1】 調子や過不足を整え、正常状態にすること

ア：鍛錬

イ：挑戦

ウ：試験

エ：調整

【2】 惜しいと思うが、思い切って省くこと

ア：省略

イ：割愛

ウ：削除

エ：除却

POINT

意味のなかに、必要な漢字がある

語句から意味を探す場合、漢字をみることである程度の意味を類推
することができましたが、意味から語句を探す場合、選択肢の漢字
のなかから、問題文の意味になるものを探すことができます。

●解答・解説

【1】

「ア：鍛錬」は、鍛えて練り上げることですが、調子を整える意味はあり
ません。「イ：挑戦」も、挑むという漢字は整える意味ではありません。
「ウ：試験」は、確かめる行為ですので、整える意味がありません。「エ：
調整」は、調子を整えるという意味なので、これが答えになります。

> 正解　エ

【2】

どの選択肢にも、「省く」という意味があります。しかし、問題の最初に
ある「惜しいと思う」という意味として「愛」という意味がある点を考え
ると、「イ：割愛」という選択肢を選ぶことができます。

> 正解　イ

3 熟語の成り立ち❶

入門問題

📖 次に挙げる熟語の成り立ちについて、正しいものを選びなさい。

【1】清涼
ア：似た意味の字が並んでいる
イ：反対の意味の字が並んでいる
ウ：前の字があとの字を修飾している
エ：動詞のあとに目的語が置かれている

【2】抜歯
ア：似た意味の字が並んでいる
イ：動詞のあとに目的語が置かれている
ウ：主語と述語の関係にある
エ：反対の意味の字が並んでいる

POINT

漢字の字面を見て、品詞を見分ける

熟語の成り立ちは、2つの漢字の意味の関係を区別する問題です。
熟語の種類は大まかに分けて、下の表のとおりになります。

	例
似た意味の字	絵画、救助、金銭
反対の意味の字	大小、往復、寒暖
前の字があとの字を修飾 (「AのB」などに変換できる)	握力、大量、厳冬
あとの字が前の字の目的語 (「BをAする」などに変換できる)	執筆、歓談、落馬
主語と述語の関係 (「AがBする」と変換できる)	私立、国政、円高

●解答・解説

【1】清涼は「清」が「清々しい」などの、「涼」が「涼しい」などの意味
をもつため、「ア：似た意味の字が並んでいる」が正解になります。

正解　ア

【2】抜歯は、「抜」が「引き抜く」、「歯」は見たまま「歯」のことで、「歯
を抜く」という意味になり、「イ：動詞のあとに目的語が置かれている」
になります。

正解　イ

4 熟語の成り立ち❷

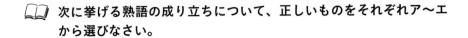

> 入門問題

📖 **次に挙げる熟語の成り立ちについて、正しいものをそれぞれア〜エ
から選びなさい。**

【1】 結晶

【2】 骸骨

【3】 子犬

【4】 授受

ア：似た意味の字が並んでいる

イ：動詞のあとに目的語が置かれている

ウ：前の字があとの字を修飾している

エ：ア〜ウ以外

●解答・解説

【1】 結晶は、「結」は「結ぶ」や「束ねる」という意味、「晶」が「水晶」などの鉱物や、光などの意味をもちます。以上のことから結晶は「晶を結ぶ」という成り立ちになるため、「イ：動詞のあとに目的語が置かれている」になります。

> **正解** イ：動詞のあとに目的語が置かれている

【2】 骸骨は、「骸」は死体などの骨のこと、「骨」は字義のまま「骨」を指します。以上のことから、「ア：似た意味の字が並んでいる」になります。

> **正解** ア：似た意味の字が並んでいる

【3】 子犬は「子どもの犬」という意味になるので、「ウ：前の字があとの字を修飾している」になります。

> **正解** ウ：前の字があとの字を修飾している

【4】 授受は、「授（さず）ける」と「受（う）ける」の字が並んでいるため、「反対の意味の言葉が並んでいる」ことになります。よって、「エ：ア～ウ以外」が正解になります。

> **正解** エ：ア～ウ以外

5 同音異義語❶

入門問題

📖 **下線部の語句と同じ意味のものを、選択肢ア〜エから選びなさい。**

【1】 突然の大きな音で**目**がさめた
ア：年の暮れに散々な**目**にあった
イ：周囲の**目**を気にして行動する
ウ：一年**目**からおおきな仕事を任せられる
エ：マグロのなかでも**目**は珍味である

【2】 鉄は**あつい**うちに打て
ア：最近、夏は**あつい**日が続いている
イ：若者の間ではクリームソーダが**あつい**らしい
ウ：信仰が**あつい**人々
エ：石焼きなのでしばらく待っても**あつい**

POINT

意味の違いを整理して覚える

例題のように、名詞や動詞、形容詞には、複数の意味をもつ単語が
あります。同じ漢字である場合もあれば、違うこともあります。そ
れぞれ、意味と漢字をセットで覚えておくのが最も賢いと考えられ
ます。

●解答・解説

【1】「体の器官」という意味の「目」です。

ア：「経験」の意味の「目」です。

イ：「視線」の意味の「目」です。

ウ：「順序の添え字」の意味の「目」です。

エ：「体の器官」という意味の「目」です。

なので、エが答えになります。

| 正解 | エ |

【2】「温度が高い」という意味の「熱い」です。

ア：「気温が高い」という意味の「暑い」です。

イ：「人気がある」という意味の「熱い」です。

ウ：「心がこもる」という意味の「篤い」です。

エ：「温度が高い」という意味の「熱い」です。

なので、エが答えになります。

| 正解 | エ |

6 同音異義語❷

入門問題

📖 **下線部の語句と同じ意味のものを、選択肢ア〜エから選びなさい。**

【1】 富士山を**のぞむ**オフィスで働く
ア：万全の対策で試験に**のぞむ**
イ：海に**のぞむ**ホテルを経営する
ウ：展望台から都市を**のぞむ**
エ：世界平和を**のぞむ**声

【2】 新商品の開発を**つとめる**
ア：今日の相手は製薬会社に**つとめる**人だ
イ：環境負荷の低減に**つとめる**姿勢
ウ：皆の支持を得て議長を**つとめる**
エ：清潔な環境の維持に**つとめる**

●解答・解説

同訓異字といわれる同音異義語の仲間です。SPIを採用しない会社のペーパーテスト対策も兼ねて覚えておきましょう。

【1】「眺望する」という意味の「望む」です。

ア：「ことに当たる」という意味の「臨む」です。

イ：「近くに面する」という意味の「臨む」です。

ウ：「眺望する」という意味の「望む」です。

エ：「希望する」という意味の「望む」です。

よって、ウが答えになります。

| 正解 | ウ |

【2】「役割を果たす」という意味の「務める」です。

ア：「勤務する」という意味の「勤める」です。

イ：「努力する」という意味の「努める」です。

ウ：「役割を果たす」という意味の「務める」です。

エ：「努力する」という意味の「努める」です。

なので、ウが答えになります。

| 正解 | ウ |

7 助詞・助動詞の区別

入門問題

📖 下線部の語句と同じ用法のものを、選択肢ア〜エから選びなさい。

【1】 冷蔵庫にたまごが**ない**

ア：たえられ**ない**痛み

イ：さりげ**ない**気遣いに心打たれる

ウ：時間が**ない**ため、割愛する

エ：新しく**ない**制度

【2】 ガラクタ**ばかり**が家にある

ア：正座をはじめてまだ1分が経過した**ばかり**だ

イ：働く**ばかり**が人生ではない

ウ：今にも動き出さん**ばかり**の精巧さ

エ：気を抜いた**ばかり**に失敗した

POINT

同義語とは別に覚えて、得点源に

小学校や中学校で、なんとなく習った記憶のある文法ですが、SPIでは容赦なく出題されます。入門問題で出題した「ない」や「ばかり」の区別以外にも、いろいろな区別があります。基本的にはすべて覚えてしまい、対策できるようにしておきましょう。もし覚えていなかったとしても、なにかの語句に置き換えたり、品詞を考えることで、対処が可能です。

●解答・解説

【1】問題は不在を表す形容詞の「ない」です。

ア：否定を表す助動詞の「ない」です。

イ：形容詞「さりげない」の一部です。

ウ：不在を表す形容詞の「ない」です。

エ：形容詞のあとにくる補助形容詞の「ない」です。

よって、ウが答えになります。

> 正解　ウ

【2】問題は限定の「だけ」の意味です。

ア：程度の「だけ」の意味です。

イ：限定の「だけ」の意味です。

ウ：程度の「しそう」の意味です。

エ：原因の「ために」の意味です。

よって、イが答えになります。

> 正解　イ

8 助詞・助動詞まとめ
助詞❶

POINT

文法に関する内容は覚えておく

文法問題で出てくる助詞・助動詞を一覧にまとめました。このタイミングで覚えておきましょう。

の	置き換えて区別しよう
主語（〜が）	名詞のあとについて、主語を示す。 例）動物の住む森
連帯化	「名詞＋の＋名詞」で、あとの名詞を修飾する。 例）動物の住処である森
体言化（〜こと）	用言（動詞や形容詞など）のあとにきて、体言（名詞）化する。「こと」などに変換できる。 例）本を読むのが好きだ。
並立（〜たり）	「〜の、〜の」と2回続くのが特徴。2つの事柄を並立させる。 例）地震だの、雷だのと考える。

が	置き換えて区別しよう
主語	例）明日の天気が心配だ。
逆接	前後の関係が逆になるものを接続する。 「しかし」に変換して意味がつながる。 例）数学が得意だが、英語は苦手である。
並立	前後の関係が類似するものを接続する。 「そして」に変換して意味がつながる。 例）数学が得意だが、英語も得意である。
前置き	前後の関係をつなぐ。 例）突然ですが、問題です。

で	置き換えて区別しよう
手段・材料	「〜によって」の意味　例）電車で通学する。
場所・時間	「〜において」の意味　例）家で仕事する。
原因・理由	「〜のために」の意味　例）風邪で早退する。
様子・状態	「〜の状態で」の意味　例）大声で叫ぶ。

と	置き換えて区別しよう
相手	「〜とともに」の意味 例）友達と遊ぶ。
結果	「〜となる」の意味 例）冬から春となる。
引用	「〜と言う」「〜と思う」等の意味 例）母は「勉強しなさい」と言う。
比較の基準	「〜と比べると」の意味 例）彼は私と同じ性格だ。
並立	同じ品詞をつなぐ。 例）砂糖と塩を間違える。
「〜したら」	動作のあとに起こったことを接続する。 例）外に出ると、太陽が眩しかった。
「〜するといつも」	動作のあとに常に起こることを接続する。 例）梅雨が終わると、夏が来る。
「〜すれば」	動作のあとに起こりそうなことを接続する。 例）ボタンを押すと、ドアが開く。
「例え〜しても」	動作のあとに起こることに対する否定。 例）雨が降ろうと、決行する。

PART

3

言語分野

9 助詞・助動詞まとめ
助詞❷

に	意味の違いで区別しよう
場所	大阪に来る。
時間	18 時に退社する。
帰着点	学校に行く。
目的	釣りに行く。
結果	総理大臣になる。
相手	友達に手紙を書く。
状態	大雪で真っ白になる。
原因	悲しいストーリーに泣いた。

ながら	入れ替えたり、意味の違いで区別しよう
並行	「同時に」の意味を示す。 例）お茶でも飲みながら、話しましょう。
逆接	「しかし」の意味を示す。 例）卒業をしていながら、働いていない。
接尾語	「〜のまま」や「〜とも」の意味の接尾語 例）昔ながらの味がする料理

ばかり	意味の違いで区別しよう
限定	「〜だけ」の意味　例）お菓子ばかり食べる。
程度	「〜ほど」の意味　例）３分ばかりの待ち時間
「今にも〜しそう」	例）動き出さんばかりの精巧な人形
動作の完了直後	例）家を出たばかりで、忘れ物に気付いた。
原因	「〜ために」の意味 例）少し走ったばかりに、汗ばんでしまった。

さえ	意味の違いで区別しよう
類推	極端な例を出して、他の例を類推させる。 例）小学生でさえ分かる常識
限定	「最低限これだけ」という意味 例）あと１問さえ解けていれば合格だった。
添加	「そのうえ」という意味をもつ 例）眠気だけでなく、空腹感さえ感じている。

でも	接続が違うのと、意味で区別が可能
類推	極端な例を出して、他の例を類推させる。 例）サルでも理解できる説明
最低限度	「せめて」を補って意味が通る。 例）少しでもいいから、勉強して欲しい。
例示	例として挙げる。「例えば」をつけられる。 例）食事でもしながら、話しましょう。
全体を示す	「だれ」「どこ」「いつ」「何」などにつく。 例）なんでもいいので、飲み物が欲しい。
逆接	「しかし」の意味　例）死んでも許さない。

POINT

活用がある分、他の品詞も区別

助動詞の区別になりますが、形容詞や形容動詞との区別も必要になります。1つずつ覚えましょう。

ない	品詞が違うため、言い換えなどで区別可能
助動詞	動詞のあとについて「否定」の意味を示す。 「ず」「ぬ」に変換できる。 例）わからない、知らない
形容詞	「不在」の意味の形容詞 例）お金がない
補助形容詞	形容詞／形容動詞のあとに来て「否定」の意味を示す。直前に「は」「も」が入れられる。 例）美しくない、静かでない
形容詞の一部	形容詞のなかに「ない」が入っているもの 例）はかない、しがない

そうだ	接続が違うのと、意味で区別が可能
様態	様子を示す助動詞。連用形か語幹に接続する。 例）雨が降りそうだ。
伝聞	他から聞いたという意味。終止形に接続する。 例）雨が降るそうだ。

れる・られる	意味が違うのみだが、わかりやすい
受身の助動詞	動作を受ける時の意味 例）シマウマはライオンに食べられる。
可能の助動詞	動作が「できる」という意味 例）納豆やヨーグルトは食べられる。
尊敬の助動詞	他人の動作を敬う意味 例）社長が夕食を食べられる。
自発の助動詞	自然に動作が起こる意味 例）去年のことが思い出される。

ようだ	意味の区別、つける言葉の違和感で区別
比喩の助動詞	「まるで〜のようだ」の意味 例）白い雪のようなかき氷
例示の助動詞	「たとえば〜のような」の意味 例）オムライスのような卵料理
推定の助動詞	「どうやら〜のようだ」の意味 例）原因はサーバーエラーのようだ。

らしい	入れ替えて意味が通るかで区別
推定の助動詞	「どうやら〜らしい」の意味 例）有名人が結婚したらしい。
形容詞の接尾語	名詞などの後ろについて形容詞をつくる。 「〜にふさわしい」に変換できる。 例）有名人らしい振る舞い
形容詞の語尾	形容詞のもともとの形に入っているもの 例）すばらしい出来栄え

11

助詞・助動詞まとめ
助動詞❷

た	時制に関する意味の違いを区別する
過去の助動詞	過去の動作を示す。「今」をつけられない。 例）動物園に行った。
完了の助動詞	動作の完了を示す。「今」がつけられる。 例）たった今、動物園に着いた。
存続の助動詞	動作の存続を示す。「ている」に変換できる。完了とは結果が継続しているかを区別。 例）深く積もった雪
確認（想起）の 助動詞	思い出したり、確認する意味の助動詞 例）それは土曜日のことだった。

だ	「た」に似ているか、似ていないかで区別
過去・完了の 助動詞	「た」の意味と同じ。濁音便 例）昨日、友達と遊んだ。
断定の助動詞	「〜である」という意味。「な人」などに置換して意味が通らない。 例）第一印象で重要なのは清潔さだ。
形容動詞	形容動詞の終止形。 「な人」などに置換して意味が通る。 例）消毒済みのタオルなので清潔だ。

う・よう	意味の区別。「まい」とは逆の意味をもつ
推量の助動詞	「〜だろう」の意味 例）明日は晴れよう。
意思の助動詞	「〜するつもりだ」の意味 例）明日は遊ぼう。
勧誘の助動詞	「いっしょに〜しましょう」の意味 例）今度、食事に行こう。

まい	接続が違うのと、意味で区別が可能
否定意思の助動詞	「〜ないつもりだ」という意味。 本人の意思が入っている。 例）明日は寝坊するまい。
否定推量の助動詞	「〜ないだろう」という意味。 本人の意思が入っていない。 例）明日、雨はふるまい。

PART

3

言語分野

POINT

意味→文法をしっかり判断

助詞も助動詞も、意味的な判断と、文法的な判断の両方を行うことが、区別をするときに必要になります。しかし、SPIで区別をする際には、文法的な判断よりも、意味的な判断をしたほうが、速く解けることもあるため、固執をし過ぎずに判断をしていきましょう。

12 二語関係

POINT

出題傾向は2種類

SPIのなかでも特徴的な出題方式である二語関係について解説していきます。

まず、二語関係に関する問題には次の2種類の出題方法があります。

1) 例に挙げた二語関係と同じ関係になっているものを3つの二語関係から選ぶ（選択肢は6択）。

2) 例に挙げた二語関係と同じ関係になるように、5つの熟語から選ぶ（選択肢は5択）。

どちらの問題を解答するうえでも、例に挙げられている二語関係を正しく判断することはもちろん、都合6つの熟語の意味を理解し、二語関係の把握をすることが必要になります。

8つの関係から、正しいものを判断

二語関係は、基本的には8つの関係があります（問題の傾向により、新しいものが加わる可能性もあります）。

この8つの関係をもとに、二語の関係を分類し、設問に解答していきましょう。

関係	説明	具体例
同義語	双方が同じ意味の関係	同意：了承
対義語	双方が反対の意味の関係	下降：上昇
仲間	双方が、同じグループに属する関係	日本：アメリカ
包含	片方が、もう一方に属している関係	日本：東京 動物：パンダ
用途	片方の用途が、もう一方である関係	はさみ：切断 ダム：治水
原料	一方の語の原料がもう一方の語である関係	ワイン：ぶどう ガソリン：原油
役割	一方の語の役割が、もう一方の語である関係	俳優：演技 医師：治療
組	双方の語の物が両方そろって役割をもつ関係	臼：杵 鍵：錠

13 二語関係
関係一致❶

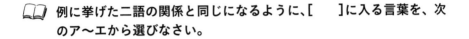

📖 例に挙げた二語の関係と同じになるように、[　　]に入る言葉を、次のア～エから選びなさい。

【例】 鍵：錠

うす：[　　]

ア. もち

イ. 木材

ウ. 杵

エ. 正月

オ. 羽子板

POINT

二語関係の一番簡単な出題形式

【例】のような形で、判別すべき二語が出題され、その二語の関係に当てはまるように選択肢から言葉を選びます。複数ある二語関係の出題形式のなかでも、最もスタンダードな出題形式です。
判別すべき二語の関係を素早く判断し、解答しましょう。

●解答・解説

【例】の「鍵：錠」は、「鍵と錠前で一組」になる「組」の関係です。同じように、「うす」と組になるのは、「杵（きね）」になります。

「ア. もち」は、うすを使ってできる代表的な食べ物、「イ. 木材」は、うすの材料の候補、「エ. 正月」は、うすが使われるであろう季節になります。
「オ. 羽子板」は、正月に使われやすいものを並べた「並列」に近いです。

正解　ウ.杵

14 二語関係
関係一致❷

例題2

📖 次に挙げた二語の関係と同じになるように、[　　]に入る言葉を、次のア〜エから選びなさい。

【1】 帰納：演繹

　　結果：[　　]

　　ア：原因

　　イ：仮定

　　ウ：結論

　　エ：論理

【2】 過程：プロセス

　　案内：[　　]

　　ア：インフォメーション

　　イ：ダイジェスト

　　ウ：テラー

　　エ：ガイド

8つの関係以外にも挑戦

二語関係の最初のページでは扱えなかった、例外的な二語関係についても解答してみましょう。2つ目の問題は、漢字の意味と、それに対応する「外来語」の関係にあります。

●解答・解説

【1】「帰納：演繹」は、「帰納」は「複数の例を一般化すること」、「演繹」は「一般化されている定理などから、特殊な結論を得ること」なので、「対義語」の関係にあります。

「結果」の対義語は、「ア：原因」になります。

正解　ア：原因

【2】「過程：プロセス」は、日本語と外来語という括りを考えなければ「同義語」という形をとりますので、「案内」の意味をもつ言葉を選びましょう。
アは「情報」、イは「要約」、ウは「接客係」、エは「案内」となるので、「エ：ガイド」が正解になります。

正解　エ：ガイド

15 二語関係
例と同じ関係❶

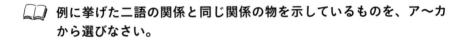

例題1

📖 例に挙げた二語の関係と同じ関係の物を示しているものを、ア〜カ
から選びなさい。

【例】 月曜日：一週間

　　A　将棋：囲碁

　　B　ラグビー：スポーツ

　　C　段ボール：包装具

　　ア. Aだけ

　　イ. Bだけ

　　ウ. Cだけ

　　エ. AとB

　　オ. AとC

　　カ. BとC

POINT

二語関係の判断を素早く

【例】にある二語関係と同じものを判断し、それに合った選択肢を選ぶ問題です。選択肢をみてのとおり、基本的には選択肢からはノーヒントであるため、問題で扱っている4つの二語関係について素早く判断し、一致するものをみつけましょう。

PART
3

言語分野

●解答・解説

【例】にある「月曜日：一週間」は、「左側が右側に属している包含」の意味になります。

Aの「将棋：囲碁」は、どちらも「ゲーム」などの分類に入る「仲間」の分類になります。

Bの「ラグビー：スポーツ」は、「左側が右側に属している包含」になりますので、これが答えになります。

Cの「段ボール：包装具」は、「左側が右側に属している包含」になりますので、答えの1つになります。

以上の結果から、BとCが答えになります。

正解 カ.BとC

16 二語関係
例と同じ関係❷

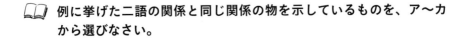

例題2

📖 例に挙げた二語の関係と同じ関係の物を示しているものを、ア〜カ
　から選びなさい。

【例】 予習：復習

　　　A　予定：実績
　　　B　昨日：明日
　　　C　東京：大阪

　　　ア. Aだけ
　　　イ. Bだけ
　　　ウ. Cだけ
　　　エ. AとB
　　　オ. AとC
　　　カ. BとC

●解答・解説

【例】の「予習：復習」は、「対義」の二語関係にあると考えられます。このことをもとに、二語関係を考えていきましょう。

Aは「こうなるだろう」（予定）と「こうなった」（実績）という点で、「対義」の関係にあります。

Bは「今日の1日前」（昨日）と「今日の1日後」（明日）という意味で、「対義」の関係にあります。

Cは、文章などで「対比」で使われることはありますが、「対義」というわけではありません。

以上から、AとBが正解になります。

正解　エ.AとB

17 二語関係
関係分類❶

> 例題3

📖 次に挙げたA ～ Eの二語の関係をグループに分けたとき、グループ
の1つを正しく示しているのは、ア～カのどれか。

A 将棋：囲碁

B ラグビー：スポーツ

C ライオン：トラ

D 缶：ペットボトル

E ボールペン：筆記具

ア. AとB

イ. AとC

ウ. AとE

エ. AとBとD

オ. AとCとE

カ. AとCとD

POINT

グループを素早く判断する

5つの二語関係から、2つと3つのグループをみつけ出す問題です。それぞれの二語関係が、どの分類にあるのかを素早く判断し、グループ分けをしていきましょう。

PART

3

言語分野

●解答・解説

A「将棋：囲碁」は、「ゲーム」という、同じ括りに所属する「仲間」です。

B「ラグビー：スポーツ」は、「左側が右側に所属」する「包含」の関係です。

C「ライオン：トラ」は、「動物」という、同じ括りに所属する「仲間」です。

D「缶：ペットボトル」は、「容器」という、同じ括りに所属する「仲間」です。

E「ボールペン：筆記具」は、「左側が右側に所属」する「包含」の関係です。

以上から、A、C、DとB、Eの組に分かれるので「カ.AとCとD」が答えとなります。

正解	カ.AとCとD

18 二語関係
関係分類❷

例題4

📖 次に挙げたA〜Eの二語の関係をグループに分けたとき、グループ
の1つを正しく示しているのは、ア〜カのどれか。

A　アメリカ：ワシントンD.C.
B　ブラジル：ブラジリア
C　オーストラリア：シドニー
D　カナダ：トロント
E　スイス：ベルン

ア. AとB
イ. AとC
ウ. AとBとC
エ. AとBとE
オ. AとCとD
カ. AとDとE

POINT

知識問題が出ることも

二語関係という内容でありながら、知識を問う問題が出ることもあります。一般教養の範囲ですので、間違えた場合はしっかり確認しましょう。しかし、その場で論理的に正解を絞ることも可能です。

●解答・解説

まず、A「アメリカ：ワシントンD.C.」は「国家：首都」の関係にあります。さてここで、正解率を上げる考え方をすると、**選択肢はAを必ず含んでいる**ので、選択するのは「国家：首都」になっているグループです。「オーストラリアの首都がシドニーではない」ということを知っている人は、Cが含まれる選択肢が間違いであることがわかりますので、ア、エ、カの3つにまで絞れます。実際には、答えはエのAとBとEになります。他のグループは、その国の人口最大都市ですが、首都ではない都市になります。

> **正解**　エ.AとBとE

19 空欄補充❶

入門問題

📖 次の文章の空欄に当てはまる語句として最も適切なものを選びなさい。

　空気に触れてしまうと、ほとんどのウィルスは死滅してしまう。そのため、風邪は、人のセキやクシャミによって口から出る飛沫に含まれ、[　　]状態で空気中に散布され、それを吸入することによって人体に入る飛沫感染がほとんどである。

ア：水分に保護された
イ：十分に増殖した
ウ：栄養を与えられた
エ：ふるいにかけられた

POINT

前後の情報から、意味に沿うものを選ぶ

長文読解問題の組問題1問目に頻出する空欄補充の問題です。空欄の前後の話の流れを読み、その文章の意味が通るように選択肢を選びましょう。

●解答・解説

空欄が書かれている部分は、修飾をするような部分なので、省いて読んでみましょう。そうすると、要約して「空気に触れるとウィルスは死んでしまうので、風邪は飛沫感染がほとんどである。」という内容になります。つまり、飛沫感染は「空気に触れない」という特徴がありそうです。

以上のことから、イ、ウ、エは、空気に触れることに対する対策、という記述にはなりそうにありません。

したがって、「ア：水分に保護された」が答えになります。

正解	ア：水分に保護された

20 空欄補充❷

入門問題

📖 次の文章の空欄に当てはまる語句として最も適切なものを選びなさい。

　平均給与が高い、上場している、長く続いているなどが、ホワイト企業であるという理由としてよく上がる。

　[　　]、実際のところ、給与が高い理由は残業が多いからであったりすることも多く、これらの理由は必ずしもホワイト企業であるという保証にはならない。

ア：たとえば
イ：そのため
ウ：ならば
エ：しかし

POINT

接続詞は前後の関係を読み取る

空欄補充のタイプは2つあり、「文章の言い換え」と「接続詞」が
あります。この問題は「接続詞」に関する問題です。基本的には、
空欄の前後の内容の関係を読み取ることが必要です。

●解答・解説

空欄の前後を読みましょう。

・前は、ホワイト企業の基準について、一般的に挙げられるものを出して
　います。

・あとは、それが正しいとは限らないと述べています。

このことから、前後の関係は「逆接」になっているので、「エ：しかし」
を選択するのが正しいです。

> **正解**　エ：しかし

21 乱文整序（1文内）❶

📖 次の文章を読んで、問いに答えなさい。

　植物が冬を越す方法はいくつかあり、［ 1 ］、［ 2 ］、［ 3 ］、［ 4 ］の2つに大別される。

下のA～Dを並び替えて、意味の通る文章にしなさい。

A：秋に花を咲かせ

B：春になると共に茎をのばし、花を咲かせるもの

C：冬に種子を残すことで冬を越すものと

D：冬は低く葉を広げ、根に栄養を蓄え

POINT

意味のつながりを意識して解答する

並べ替える対象が１文でも、１段落だったとしても、意味のつながりを意識しましょう。

頭の中で考えるのではなく、「Ｃ→Ａ」など、手元にある紙に順番の候補を書いていきましょう。

PART 3
言語分野

●解答・解説

選択肢をみると、秋→冬の流れと、冬→春の流れがあるようにみえます。また、花を咲かせるタイミングは、秋と春の2つがあるので、それぞれを合わせると、A→CとD→Bに分かれます。

CとBの文章の流れを考えると、Cはこのあとに文章が続く形になっているので、A→CのあとにD→Bがくると考えられます。

正解　A→C→D→B

22 乱文整序（1文内）❷

入門問題

📖 **次の文章を読んで、問いに答えなさい。**

　餃子で有名な宇都宮だが、[1]、[2]、[3]、[4] 有名になるルーツとなっている。

下のA〜Dを並び替えて、意味の通る文章にしなさい。

A：その後、町興しの材料として、餃子を押していくという方針で

B：本場の餃子のレシピを持ち帰り、地元の料理として帰化したという歴史をもち

C：もともとは満州に駐屯していた陸軍兵たちが帰国した際に

D：「宇都宮餃子会」が立ち上げられ、日本全国でPRされていったことが

●解答・解説

宇都宮の餃子の歴史についての問題ですが、意味のつながりを考えていきましょう。

Aは、「その後」とあるので「その」が示す部分がなにを指すのかを考えましょう。

Bは、餃子が持ち帰られた歴史について書かれています。「その」はこのことでしょうから、B→Aが考えられます。持ち帰ったのは誰か、という情報がまだありません。

Cは、陸軍兵が帰国したという情報です。**彼らが餃子のレシピを持ち帰ったのでしょう。**なので、C→Bの流れができます。

Dは、餃子が広められ始めた話です。話の流れとして、最も遅そうです。

以上の結果から、C→B→A→Dの順番になります。最後に、意味のつながりを再度読んで、矛盾がないかを確かめましょう。

> **正解**　C→B→A→D

23 乱文整序（1段落）❶

入門問題

📖 次の文章を読んで、問いに答えなさい。

　人が使う道具は、歴史と共に進化を続けて来た。

　［1］［2］［3］［4］現代では、スクリューエンジンによる推進力と、ハンドリング技術を得ることで、風に関わらずに航行することが可能になっている。

下のA〜Dを並び替えて、意味の通る文章にしなさい。

A：しかし、文明の発達に伴い、紡錘形に近い形を作ることによって、進行方向への抵抗を小さくすることに成功した。

B：技術の発達と、人力に頼らない推進力を得た結果、100人規模の人間が乗るような船体が開発されるようになった。

C：例えば、水上の物流を担う船は、昔は木を横に並べて結ぶだけの筏であった。

D：その後、手漕ぎだった船は、マストを得、自然の風によって推進することができるようになる。

POINT

意味のつながりを意識して解答する

１文内のときと同じように、意味のつながりを意識しましょう。文の最初に来る接続詞などをヒントにしながら、どの文のあとになにが来るのかを考えながら読むようにしましょう。

● 解答・解説

意味の流れを考えて文章を読んでいきましょう。

「歴史と共に」という言葉から、選択肢のなかで、船の歴史について書かれていることがわかります。

A：直前の逆接と、船の形が変化したことを述べています。

B：技術革新により、船が大きくなったことを述べています。

C：例として船を挙げ、昔のことを述べています。

D：順接と、自然の力を取り入れたことを述べています。

例を挙げて文章を始めているため、Cが最初であるのはわかりやすいでしょう。次に、話の流れとして、Bが最後に来ることが予想されます。AとDの順序ですが、D→Aでは、自然の力を取り入れたことに対して否定的になってしまうので、流れとして不自然です。

ですから、A→Dとして、Cを否定する流れとするのが自然でしょう。

よって、C→A→D→Bとなります。

| 正解 | C→A→D→B |

24 乱文整序（1段落）❷

入門問題

📖 次の文章を読んで、問いに答えなさい。

　人類がなにかを整理するときには、基本的には「箱」を使うことになる。[1][2][3][4]言い換えれば、「その他」の箱をどう扱うかが、整理の印象を大きく変えるということである。

(問) 次の選択肢を適切に並べ替えて、上の文章に当てはまるようにしなさい。

ア：これは、実体として存在する「モノ」に限らず、パソコンのなかの「データ」や、学問のなかにある「概念」についても同様である。

イ：どうしても整理しきれないものを、放置するのか、保留する場所を決めるかで、整理されているかの印象が大きく変わる。

ウ：例えば、生物学における「分類学」という学問は、生物を「界」「門」「科」「属」などの「箱」に分けて収納している。

エ：これらの「整理」を行ううえで、重要となってくるのが「抜けや漏れの扱いをどうするか」ということが挙げられる。

●解答・解説

各選択肢が述べている内容について考えましょう。

ア：整理はモノに限らないという内容です。
イ：最後の文章と構造が近い内容です。
ウ：整理が使われる例を出しています。
エ：整理のうえで重要な考え方について述べています。

最後の文章が「言い換えれば」から始まっているので、イが最後に来そうです。

また、整理の具体例（ウ）を使う前に、整理がモノに限らないことに言及する必要があります（ア）。ですから、ア→ウです。また、整理の見せ方の話が出ているのは最後のほうなので、エはウやアよりもあとです。しかし、イが最後に来るので、結果的にア→ウ→エ→イという順番が答えになります。

正解	ア→ウ→エ→イ

25 欠文補充

入門問題

📖 **次の文章を読んで、あとの問いに答えなさい。**

「同義語」「対義語」について考えているとき、ふと「腐敗」と「発酵」はどのような関係なのかと思った。どちらも微生物の無酸素呼吸によって食品内の糖類やアミノ酸が分解される作用を指すという点では「同義語」である。①しかし、「発酵」は、分解した結果が人間にとって有益であるという定義の反面、「腐敗」は、それが人間にとって不利益であるという定義であるため、言葉の定義は「対義語」である。

②同じ人が同じ現象を見ていても、その人の価値観によって、現象に対する評価は異なってくるのである。③

よく取り上げられる例として、「モンティホール問題」というものが挙げられる。④3つの扉が前にあり、1つは高級外車であり、残りの2つはスカであることがわかっている。挑戦者は扉を1つ選び、その後、ディーラーはスカの扉を1つ公開する。このあと、挑戦者は選んだ扉を変えるか否かを選択することができる。このとき、扉を変えるべきか、変えないべきか、という問題である。

問：次の文は、この文章から抜き出してきた文である。①〜④のなかで、どこに戻すのが正しいかを答えよ。

・このように、2つの言葉が同じ現象を表すが、見た人の価値観によって、その表現方法は違ったりする。

POINT

文章の流れと、文の意味で考える

言語の問題では出題されにくい傾向がある問題ですが、難問ともいわれる「欠文補充」の問題です。文章の要旨や流れをつかむことと、抜き出した文章がどんな意味なのかを考えると、答えがみえてきます。

●解答・解説

文章全体は、

・「腐敗」と「発酵」の違いの話

・人の価値観の違いによって評価が変わる

・その例として、「モンティホール問題」がある

という流れになっています。

このことから欠文している部分は、1つ目と2つ目の間あたりにある文章であることがわかります。以上のことから、②か③ですが、③ではすでに2つ目の話が述べられてしまっていることから、②が最も適切であるといえます。

正解 ②

26 長文読解
はじめに

長文読解

--- 長文読解のポイント ---

POINT

早く、正確に読めるようになる

SPIの言語問題のなかでも、最も汎用的に出題されるのが、長文読解です。長文は、500文字程度の文章に対して、「空欄補充」「論旨との整合」「欠文補充」などの問題が課されます。
30秒でこのあたりの問題文がすべて読めるようになれば、かなり早く問題を解くことができるでしょう。

POINT

組問題は選択肢をすべてみてから

長文問題のほとんどは組問題です。ですから、どんな問題があるのかを事前に把握して、なにを考える必要があるのかをみておきましょう。
特に、欠文補充は、最初にみておいたときと、あとでみたときとで、解答できるスピードが大幅に異なります。

POINT

問題は1から順に難しくなる

長文読解の組問題は、基本的には、問題1から問題3まで、番号順に難しくなっていきます。ですから、問題をすべてみてから、問題文を読み、問題1から順番に解いていきましょう。

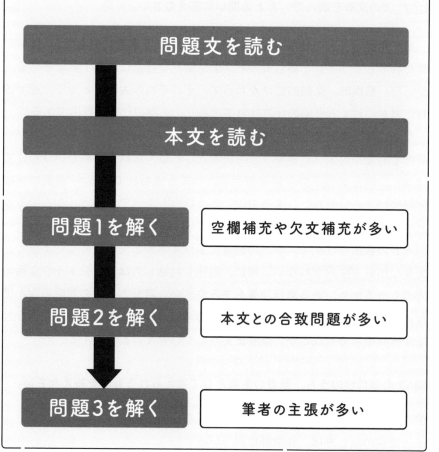

問題文を読む

本文を読む

問題1を解く	空欄補充や欠文補充が多い

問題2を解く	本文との合致問題が多い

問題3を解く	筆者の主張が多い

27 長文読解

入門問題

📖 次の文章を読んで、あとの問いに答えなさい。

AIが発展し、人の仕事がAIに代替されるという事実に対して、「仕事が奪われてしまう！」と感じる人と「より便利な社会になる！」と感じる人がいる。悲観的、楽観的にかかわらず、それぞれの人間にとって、提示された事実に対する反応の仕方は自由であり、考察の仕方も自由である。

なかには、事実をもとに極端な論理を展開して、自分の意見があたかも事実であるかのように振舞う人もいる。これは、なにも詐欺というわけではなく、商品を売る際の営業の手法としても使われている。「営業マンは詐欺師だ」といわれたりするのは、こういった方法で「煽る」からであるともいえる。

人との会話のなかで、他人の発言をすべて事実と受け止めてしまうと、大変な誤解を生みかねない。特に、前述した話し方はドラマチックな話し方でもあるため、ある意味誤解を生みやすい。自分と相手の対話のなかで、なにが真実で、なにが自分または相手の考察なのかを頭のなかで整理をしながら話を進めることが、誤解を生みにくい考え方ともいえる。

問：次の選択肢のうち、筆者の主張として考えられるものを答えなさい。

ア：人の仕事はAIにとって代わられている

イ：営業の話し方は、詐欺師に似ている

ウ：話者の主張と、事実は別個に扱うべきである

●解答・解説

- - - - - - - - - -

筆者の主張に関する問題。文章の記述と一致するのかという側面と、筆者が伝えたいことなのかという点で整理をする必要があります。

ア：1行目の「人の仕事がAIに代替されるという事実」とあるとおり、事実。しかし、筆者はそこから論理を展開しているため、筆者の主張ではありません。

イ：7、8行目にある「『営業マンは詐欺師だ』といわれたりする」は、一部の人の主張を引用しているため、筆者の主張ではありません。

ウ：13、14行目は全体の話であり、筆者が主張している内容であるため、ウが正解。

正解　ウ

28 長文読解実践問題（テストセンター）

📖 **次の文章を読んで、あとの問いに答えなさい。**

　令和6年から一万円札の顔となる渋沢栄一は、1840年に現在の埼玉県深谷市に生まれた。養蚕業に秀でた大きな農家に生まれ、14歳で単身で商業を行うこともあった。20代前半で剣術を学び、紆余曲折を経て27歳のときにのちの15代将軍慶喜に仕えることとなる。20代後半では、要人の付き人としてヨーロッパを訪問し、シーボルトなどとのコネクションをつくったり、株式会社というシステムを学んでいる。1868年に大政奉還を迎え、慶喜から「好きにしなさい」との言葉を拝受後、大隈重信の説得もあり、大蔵省に入省した。その後、4年程度で退官し、商法講習所（のちの一橋大学の源流）を築きあげた。このころから、渋沢は銀行をはじめ非常に多くの会社の設立に関わり、その実績をもととして、龍門社といわれる管理職などが集まるサロンも開設されている。また、実業家としての活動だけではなく、社会活動や政治活動も行っており、30代前半で日本赤十字社の設立などに関与、40代後半では、女子教育奨励会（今の東京女学館）を設立、50歳前後では深川区（今の江東区西部）の区議会議員となっていた。ほかにも、非常にさまざまな実績を残している。

　[　　]ことや、時代が日本の殖産興業の時代であったというということが彼の躍進を支えているという論理もある。しかしそれ以上に、論語をもととしてさまざまな人との関係を構築し、過去の経験を上手に活かして事業を構築するという、学んだことを即座に実践できるという能力が彼の躍進のエンジンであると思われる。この能力は、現代においても非常に重要なスキルであり、これからの社会ではなおさら必要とされている。

問1) 文中の空欄に文中で述べられた事実をもとに当てはめるとき、最適なものを選びなさい。

ア：柔道が得意である

イ：慈愛の心をもっていた

ウ：生まれに恵まれた

エ：さまざまな職歴を経験した

問2) 次の選択肢のなかで、本文中で渋沢栄一が行ったことを選びなさい。

ア：深川区の区議会議長になった

イ：30代で剣術の師範となった

ウ：大政奉還を実行した

エ：一橋大学の源流を築きあげた

問3) 次の選択肢のなかで、筆者の主張に最も当てはまるものを選びなさい。

ア：学びを積極的に実践することが重要である

イ：他者との関係構築は非常に重要である

ウ：渋沢栄一は、次回の一万円札の肖像である

エ：時代の流れに乗って事業をするべきである

続きは次のページ→

● 解答・解説

問1）空欄の前では、渋沢栄一の経歴について、空欄のあとでは、成功の理由や背景について解説しています。そのうえで、各選択肢について考えていきましょう。

ア：本文中に述べられていません。

イ：社会活動を行っている事実はありますが、慈愛の心は本文の焦点ではありません。

ウ：「養蚕業に秀でた大きな農家」の生まれであるため、事実です。また、この事実は、彼の才能に依らないことなので、本文の文意に沿います。

エ：さまざまな職歴を経験しているのは事実です。しかし、これは成功の途上での結果ですので、文意に沿いません。

以上の結果から、答えはウとなります。

> 正解　ウ

問2）各選択肢について考えていきます。

ア：14行目で深川区議会議員にはなりましたが、議長になったとは記述がありません。

イ：3行目で、20代で剣術を学んでいますが、師範になった記述はありません。

ウ：6行目に、大政奉還に関する内容がありますが、大政奉還を実行したという記述はありません。

エ：8行目〜9行目に、商法講習所（のちの一橋大学の源流）を築いた記述があるため、正しいです。

以上の結果から、答えはエとなります。

> 正解　エ

問3）各選択肢について考えましょう。

ア：本文の最後で、現代でも重要なスキルであると書かれている部分の「能力」を示すのは、「学びを即座に実践する能力」を指します。そのため、これは文意に合います。

イ：確かに重要ですが、これは、渋沢栄一の「学びを即座に実践する能力」の結果得た能力です。

ウ：事実ですが、筆者の主張ではありません。

エ：16行目あたりに殖産興業の時代の話が挙がりますが、筆者の主張とは異なります。

以上の結果から、答えはアとなります。

正解 ア

29 長文読解実践問題（WEBテスティング）

📖 **次の文章を読んで、あとの問いに答えなさい。**

①現在でこそ、ヨーロッパ・アジア間の貿易などは比較的安全な航行ができているが、荒波や海賊などにより、アジアへ航行し、帰ってくるのは至難の業であった。しかし、成功時の利益は莫大であり、期待値上では、投資に見合う結果を得ることができた。

②このような試みは油田の発掘などでも行われており、今日までの生産技術の発達に非常に大きな貢献をしているといえる。投資を行わない人も、[　　]という存在が我々の生活を支える非常に大きな役割を担っているということを、現代にありふれている外国産の製品や、人工的につくられた製品を見て思い出して欲しいものである。

③そのため、莫大な投資を複数回も行うことができる資本家がいなかった当時、複数の船に分散して投資を行い、リスクを分散するという仕組みを構築したのが、先ほどの東インド会社である。

④株式といわれれば、ギャンブルだとか、眉唾物だとかいわれることがあるが、株式会社というシステムの登場自体は、人類にとって大きな発明であるといえる。その発明は、大航海時代の「東インド会社」といわれるアジアへの貿易を目的とした帆船を航行させる会社にある。

問1） 問題文を①〜④の区切りで論理的に正しい文章に並び変えるとき、③のあとに来る番号は何か。次の選択肢から選びなさい。

ア：①

イ：②

ウ：④

エ：③が最後

問2） 文中の［　　］に当てはまる最も正しい言葉を、文章中から2文字で抜き出しなさい。

問3） 次の選択肢のなかで、筆者の主張に最も当てはまるものを選びなさい。

ア：海運技術の発達により、産業が進歩した。

イ：株式の存在は私たちの生活を進歩させた。

ウ：リスク分散を行う投資方法は、利益が出やすい。

エ：人工的につくられた製品は、石油でできている。

続きは次のページ→

● 解答・解説

問1）番号ごとに論旨を整理していくと、

① : 昔の航海に対する投資はハイリスク・ハイリターンであったことを示しています。

② : なんらかの試みが油田の発掘などでも行われており、投資を行わない人も［　　　］の恩恵を思い出して欲しいと述べています。

③ : なにかの理由で、投資しづらかったが、分散投資の概念を東インド会社がつくったことを示しています。

④ : 株式という概念が、現代ではよい印象がないが、実際には大きな発明であり、「東インド会社」がその起源にあることを示しています。

となります。これらから、④が問題提起と導入、①が導入事例の背景、③が背景に対する解決策、②が似た事例の紹介と結びという流れで、④→①→③→②という順番になります。よって、②が正解となります。

> 正解　②

問2）本文の内容から、恩恵を出しているのは「株式」という仕組みです。よって、「株式」が答えです。

> 正解　株式

問3）各選択肢について考えましょう。

ア：事実だと思われますが、本文中での言及はありません。

イ：本文は株式について述べられており、これが最適であると考えられます。

ウ：当時の航海に関しては事実かもしれませんが、現代で当てはまるとは書かれていません。

エ：本文中での言及がありません。

以上のことから、**イが正解**となります。

正解　イ

30 長文読解実践問題（ペーパーテスト）

📖 次の文章を読んで、あとの問いに答えなさい。

　物理的な構造、化学的な分子の操作、合成割合を変えることによるコラボレーションと、高分子化学にはたくさんの魅力が存在し、企業が展開する物質一つ一つにドラマが存在する。

　[　　]、コンビニやスーパーなどで（最近有料になったが）配布されているレジ袋と、45lも入るような透明のゴミ袋は、どのような違いがあるのかなどを考えたことはあるだろうか。実は両方とも、「エチレン」という素材を重合させた「ポリエチレン」という物質である。①

　同じ物質ではあるが、それをつくる環境によって、エチレンの分子の鎖の構造が違うため、密度や強度が異なっているという特徴がある。密度や強度以外にも、分子鎖のなかに、色素を入れることによって、色付けをすることができるため、さまざまな色のポリエチレン袋を製造することができる。ここまでの加工はまだ、物理的な加工の世界になる。②

　ほかにも、「エチレン」の単分子を加工することで、異なる性質をつくることができる。よく利用されるのが、エチレンについた水素の一つを置換する「ビニル化合物」である。水素の一つが塩素になれば「塩化ビニル」、これを重合すれば、「PVC」といわれる、バッグや水道管の原料ができあがる。ほかにもアクリル酸や酢酸ビニルなど、紙おむつや液状のりの原料となる物質ができる。これらは、単体であるエチレンへの化学的加工がなされているといえる。③

　最後に、もともとのエチレンとこれらの酢酸ビニルや塩化ビニルなどを混ぜて「共重合」させることで、物理的にも化学的にもなしえない性質をもたせることができるようになる。あえていえば、配合的加工といえる。身近にあるものでいえば、プラモデルに使われたり、家電の外装、筐体に使われたりするABS樹脂（アクリロニトリル、ブタジエン、スチレン）だ

ろう。④

　「エチレン」という一つの物質から、さまざまな性質をもった物質を紹介してきた。これらのポリビニルといわれる物質群以外にも、ポリエステルや、ポリアミドなどといった高分子が存在する。どちらも、ポリビニルとは異なった利点が存在し、ユニークな性質をもっている物質群でもあるため、興味がある人は探してみてはいかがだろうか。

問1）文中の[　　]に当てはまる最も適当な言葉を選びなさい。

ア：しかし

イ：たとえば

ウ：なので

エ：また

問2）エチレンについて、文中に述べられている内容と一致しないものを選びなさい。

ア：レジ袋やゴミ袋は、これが重合したものである。

イ：水素を一つ加工したものは、ビニル化合物と呼ばれる。

ウ：エチレンからできた物質同士を共重合させることで、今までにない性質を獲得できる。

エ：ポリエステルは、エチレンから合成できる。

問3）次の文は、文中から抜き出してきたものである。正しい場所に戻すとき、文中の①～④のなかから選びなさい。

・単体ではなしえない性質を、3つの物質を合成することで満たしているのである。

続きは次のページ→

問4) 次の論述について、本文中に述べられている内容と一致するものを選んでいる選択肢を選びなさい。

ア：高分子を構成する要素には「物理的」「化学的」加工と配合的加工の3つが存在する。

イ：高分子の代表であるプラスチックは、我々の生活には不可欠な技術である。

ウ：世の中にあるプラスチックは、企業の偶発的な研究によって発見されたものがほとんどである。

エ：ポリビニル系の高分子だけではなく、アミドやエステルなどの種類の高分子が存在する。

A．アとイ

B．アとウ

C．アとエ

D．イとウ

E．イとエ

F．ウとエ

問5) 本文にタイトルをつける際に、筆者の意図を最も示しているものはどれか。

ア：高分子化学に興味をもつ

イ：ポリエチレンの歴史

ウ：脱プラスチックのすすめ

エ：化学史への誘い

●解答・解説

まず、問題を見ましょう。

問1は空欄補充、問2は内容一致、問3は欠文補充、問4は内容一致、問5は実質的に要旨の把握です。

高分子やポリエチレンという物質に関する内容であるということがわかります。

問題文を読み進めると、最初の段落は、たくさんの高分子があり、それぞれにドラマがあるという内容です。

第二段落は、エチレンについての内容になります。具体例になっているので、**問1は「イ：たとえば」**となります。

エチレンが重合して、ポリエチレンといわれるレジ袋やゴミ袋ができあがるとあるので、**問2のアは文意に合います。**

問3の①が出てきますが、3つのなにかが全く出てきていないので不適切です。

第三段落は、エチレンの物理的な加工について書かれています。温度、圧力を変えたり、色素を入れて着色するなど、さまざまな加工ができることが書かれています。②が出てきますが、ここも3つを扱う話はありません。

第四段落は、エチレンの化学的な加工について書かれています。水素を一つ変えた「ビニル化合物」を紹介しています。**ここから、問2のイは文意に合います。** また、③が出てきますが、ここも3つを同時になにかすることはありません。

第五段落は、エチレンだけでなく、さまざまなビニル化合物を混ぜ合わせて「共重合」させる内容です。具体例としてABS樹脂が挙げられており、ここではじめて3つの物質を混ぜ合わせる話題があり、**問3の答えは④**となります。また、**問2のウも題意に合います。**

続きは次のページ→

第六段落は、「エチレン」以外にも、たくさんの高分子があるから探してみて欲しい、という結論の段落です。ただし、ポリエステルはエチレンからできているとは書かれていないため、**問2のエは題意に合わないので、これが答えになります。**

ここまでで問1〜問3の答えが出そろいました。

| 正解　イ | 正解　エ | 正解　④ |

次に、問4、問5についてですが、

問4　ア：正しい内容です。

　　　イ：事実かもしれませんが、文中に言及がありません。

　　　ウ：文中に言及がありません。

　　　エ：正しい内容です。

以上より、アとエが答えとなります。

| 正解　C.アとエ |

問5　ア：かなり近い内容です。

　　　イ：高分子全体について言及しようとしているので不適切です。

　　　ウ：本文に全く言及がありません。

　　　エ：まとめるとそうなりそうですが、高分子にしか言及していないため、アよりも遠くなります。

以上の内容から、高分子化学に興味をもつが正解です。

| 正解　ア |

PART

4

性格検査

本章では、性格検査について解説します。
基礎能力検査とは違い、対策というよりも、
回答における指針を紹介します。
自分をよくみせようとせずに
等身大の自分について回答することが大切です。

性格検査の概要

これまで、基礎能力検査の対策について言及してきました。本章では、性格検査について考察します。

性格検査で測定される要素

性格的特徴

その人の性格を行動、意欲、情緒、社会関係の4側面に分けて分析します。この結果から、面接での質問例や、入社後の関わり方などの考察がされた部分が記載されます。

職務／組織適性

その人がどのような職種や、企業風土にマッチするかを分析しています。結果は、14種の職種と、4種類の社風に対する親和性をグラフにして図示されます。

性格検査の検査方法

第1部、第3部

左右での当てはまり具合を答える

　「A：何事も結果が大事だ、B：結果よりも過程を重視する」など、2つの事象について、どちらのほうが自分に当てはまるかを「Aに近い」「どちらかというとAに近い」「どちらかというとBに近い」「Bに近い」の4つから選択します。

　第1部は約90問、第3部は約70問あり、どちらも約10分が制限時間になっています。

第2部

1つの質問への当てはまり具合を答える

　「なにかを行う際には、入念に準備を行う」などの設問に対して、「当てはまらない」「どちらかといえば当てはまらない」「どちらかといえば当てはまる」「当てはまる」の4つから選択します。

　問題は約130問ほどあり、制限時間は15分程度です。

検査結果について

　検査によってわかった性格的特徴と職種／組織適性は、下のような形で報告書としてまとめられます。

企業に提出される報告書の例

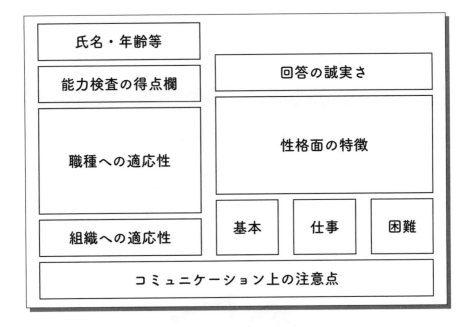

氏名・年齢等

受検者の氏名や年齢などが記載されています。

能力検査の得点

能力検査の得点が非言語、言語、英語、構造的把握力の4科目について、それぞれ7段階で表示されています。

あれだけ対策しても、ここに少し載るだけです。

職種への適応性

14種類の職種への適性が5段階のチャートで示されます。

組織への適応性

4種類の組織風土への適性が5段階のチャートで示されます。

回答の誠実さ

回答内容にある矛盾の割合で、「自分をよくみせようとする傾向」の有無として記述されます。

性格面の特徴

行動、意欲、情緒、社会関係の4側面に分けて分析された結果がチャートとして表示されます。

基本、仕事、困難での行動

それぞれの状況での基本的な行動パターンが記載されています。

コミュニケーション上の注意点

面接での質問例や、受検者の性格を一言で示しています。

性格検査の攻略

POINT

全問を正直に素早く回答する

性格検査の内容は、基本的には直感的に答えることができる内容なので、時間内に終えることは簡単です。今の自分がどうあるかについて考え、制限時間を気にすることなく回答可能です。制限時間をオーバーする理由は、操作がうまくいっていない場合か、業界に合わせた性格を返したり、将来どうなりたいかを考えたうえで回答する際に、判断に迷ったり、整合性を取ろうとして矛盾した回答をしてしまう場合がほとんどを占めます。ですから、以下の2点に気をつけましょう。

・操作が問題なくできる環境をつくる

　→インターネットの環境を整えたり、1人で集中して回答できる
　　部屋を用意する、など

・変によいようにみせようとしない

　→今の自分を正しく表現して、べき論ではなく、等身大の自分に
　　ついて回答する

この2点に注意して回答すれば、企業にとっても、受検者にとっても適性を判断したり、面接を行ったりするうえで、スムーズな応答ができるようになるでしょう。

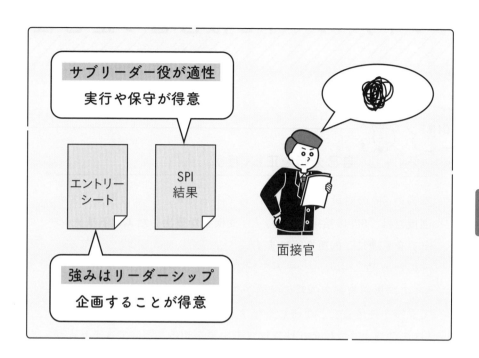

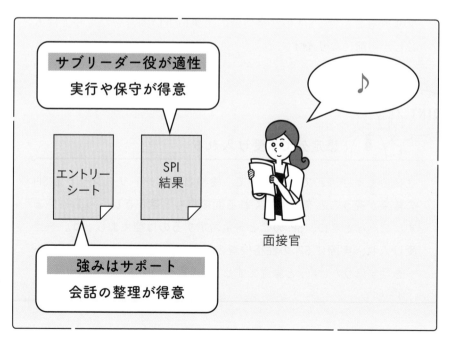

エントリーシートと報告書の整合性

POINT

自己分析を正しく行う

本書は SPI の対策に特化した内容であるため、詳細は控えますが、面接官は、「SPI の結果報告書」と「受検者が提出したエントリーシート」をもとに、面接を行います。

そのため、エントリーシートで記述した強みや将来やりたいことと、SPI の結果報告書の内容に矛盾が生じている場合、面接官が納得して面接を終えることが難しくなります。

SPI の性質上、受検者が性格検査の結果を知ることはできませんが、外部ツールや、他人からのフィードバックをもらいながら自己分析を進めることで、SPI の性格検査の結果に近い内容をつくり上げることが可能になります。

POINT

想定外でも受け入れる

企業の選考が進んでいくなかで、受検者のエントリーシートと SPI の結果が違うことを教えてくれる面接官もときどきいらっしゃいます。こんなときに、SPI のことを全否定するのは控えましょう。一旦受け入れ、実際に SPI の性格検査の結果に似通ったようなエピソードを話すほうが、ずっと謙虚ですし、面接官への印象もよくなります。

PART

5

英語能力検査

テストセンターのみで出題される
オプションの能力検査として英語能力検査があります。
言語分野と同じく、本書にとどまらず、
語彙を増やしていくように取り組むことが大切です。

英語能力検査攻略の基本方針

── 語彙を増やしておく ──

　本章では、英語能力検査について解説していきます。

　テストセンターのみで実施される問題で、出題形式は言語分野に似ています。

　日常的に英語を使っていない／勉強していない人は、最低限の語彙を思い出して対策しましょう。

英語があまり得意ではなくても、
最低限の語彙を思い出して
わからない問題もどんどん回答しよう！

本章の構成

　この章では、SPIで出題される問題のなかで、「簡単にわかりやすいものから」攻略をしていきます。

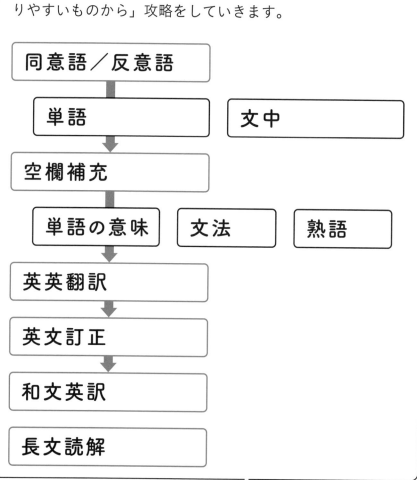

1 同意語／反意語 ❶

入門問題

📖 **問題の語句と近い意味をもつ語を選びなさい。**

(1) indifferent

    A. same   B. undefined

    C. uninvolved   D. similar

(2) amaze

    A. dismiss   B. paralyze

    C. great   D. surprise

(3) infamous

    A. notorious   B. famous

    C. unknown   D. ambitious

POINT

素早く全問を解く

英語のテストに限ってしまえば、語彙力分野は今までに蓄えた知識を使っていくだけです。誤答率はテストの結果に影響を与えないので、わからない問題も空白にせずに回答しましょう。

●解答・解説

（1）indifferent は「無関心な～」という形容詞です。

A：same は「同じ」という形容詞です。

B：undefined は「漠然とした」という形容詞です。

C：uninvolved は「無関係の」という形容詞です。

D：similar は「似ている」という形容詞です。

以上のことから、uninvolvedが正解です。

> 正解　C.uninvolved

（2）amaze は「びっくりさせる」という動詞です。

A：dismiss は「捨てる、忘れる」という動詞です。

B：paralyze は「麻痺させる」という動詞です。

C：great は「素晴らしい」という形容詞です。

D：surprise は「びっくりさせる」という動詞です。

以上のことから、surpriseが正解です。

> 正解　D.surprise

（3）infamous は「悪名高い」という形容詞です。

A：notorious は「悪名高い」という形容詞です。

B：famous は「有名な」という形容詞です。

C：unknown は「未知の」という形容詞です。

D：ambitious は「野心のある」という形容詞です。

以上のことから、notoriousが正解です。

> 正解　A.notorious

2 同意語／反意語❷

入門問題

📖 問題の語句と反対の意味をもつ語を選びなさい。

(1) leave

    A. get

    B. call

    C. go

    D. arrive

(2) vital

    A. trivial

    B. mental

    C. cheap

    D. physical

(3) ugly

    A. weak

    B. smart

    C. faithful

    D. attractive

●解答・解説

(1) leave は「去る」という意味の動詞です。

A：get は「手に入れる」という意味の動詞です。

B：call は「呼ぶ」という意味の動詞です。

C：go は「行く」という意味の動詞です。

D：arrive は「到着する」という意味の動詞です。

以上のことから、arriveが正解となります。

正解　D. arrive

(2) vital は「不可欠な」という意味の形容詞です。

A：trivial は「ささいな」という意味の形容詞です。

B：mental は「心の」という意味の形容詞です。

C：cheap は「安価な」という意味の形容詞です。

D：physical は「肉体的な」という意味の形容詞です。

以上のことから、trivialが正解となります。

正解　A. trivial

(3) ugly は「醜い」という意味の形容詞です。

A：weak は「弱い」という意味の形容詞です。

B：smart は「賢い」という意味の形容詞です。

C：faithful は「忠実な」という意味の形容詞です。

D：attractive は「魅力的な」という意味の形容詞です。

以上のことから、attractiveが正解となります。

正解　D. attractive

3 同意語／反意語 ③

入門問題

📖 下線部の語と近い意味をもつ語を選びなさい。

(1) You are **in my way**.

    A. object

    B. oblivious

    C. obstacle

    D. observable

(2) It is **out of date** to press stamp to approve.

    A. old-fashioned

    B. invalid

    C. troublesome

    D. awkward

(3) **However** hard you work this project will not finish on time.

    A. No matter how

    B. In spite of

    C. But

    D. Because

●解答・解説

(1)「in my way」は「邪魔だ」という意味です。

A：object は「物体」という意味です。

B：oblivious は「忘れている」などの意味です。

C：obstacle は「障害物」という意味です。

D：observable は「観察可能な」という意味です。

よって、**意味が最も近いのは**obstacleになります。

正解　C. obstacle

(2)「out of date」は「時代遅れ」という意味です。

A：old-fashioned は、「時代遅れの」という意味です。

B：invalid は、「無効の」という意味です。

C：troublesome は、「やっかいな」という意味です。

D：awkward は、「ぎこちない」という意味です。

よって、**意味が最も近いのは**old-fashionedです。

正解　A. old-fashioned

(3)「However＋形容詞＋S＋V」で「どんなに〇〇でも」という意味になります。ここの「However」は、「No matter how」に置換ができます。

A：上述のとおり、置換可能です。

B：「In spite of ～」は「～にもかかわらず」ですが、このあとには名詞がくるべきなので不適切です。

C：「But」は文語体では文頭には来ないため、不適切です。

D：「Because」は接続詞であり、このあとに完全な文が続く必要があるため、不適切です。

よって、**答えは**Aとなります。

正解　A. No matter how

4 同意語／反意語❹

入門問題

📖 下線部の語と反対の意味をもつ語を選びなさい。

(1) This room is smoke **free**.

    A. allowed

    B. recommended

    C. forbidden

    D. minded

(2) I submitted the manuscript **after the deadline**.

    A. safely

    B. totally

    C. on time

    D. in days

(3) It is said that UFO is **imaginary** concept.

    A. innovative

    B. fixed

    C. stereotyped

    D. real

●解答・解説

(1)「smoke free」で「禁煙」の意味です。

A：allowed は「許可されている」という意味です。

B：recommended は「推奨されている」という意味です。

C：forbidden は「禁止されている」という意味です。

D：minded は形容詞などを伴って「〜気質の」という意味です。

以上のことから、allowedが正解となります。

正解	A. allowed

(2)「after the deadline」で「期限に遅れて」という意味です。

A：safely は「安全に」という意味です。

B：totally は「完全に」という意味です。

C：on time は「間に合って」という意味です。

D：in days は特に意味がなく、「in the days」で「数日で」という意味になります。

以上のことから、on timeが正解となります。

正解	C. on time

(3) imaginary は「架空の」という意味です。

A：innovative は「革新的な」という意味です。

B：fixed は「固定された」という意味です。

C：stereotyped は「型にはまった」という意味です。

D：real は「実在する」という意味です。

以上のことから、realが正解となります。

正解	D. real

5 空欄補充

入門問題

📖 **次の空欄に当てはまる最も適切な語を選びなさい。**

(1) 沖縄へ行くのが楽しみです。

I'm looking forward to [　　] to Okinawa.

A. go

B. went

C. gone

D. going

(2) 言うまでもなく、私は人間です。

[　　], I'm a human.

A. The truth is

B. Nonetheless

C. Needless to say

D. By the way

熟語→文法→意味で考えていく

空欄補充の問題です。基本的には、熟語の語彙について問われることがほとんどですので、熟語が成立するように選択肢を選びましょう。熟語を知らない場合は、[　　]に入る品詞や格を文法的に考えましょう。最終的には、意味が通じるかどうかで考えます。

●解答・解説

(1)「Looking forward to A」で「Aを楽しみにする」という意味です。toは前置詞なので、動名詞の形になる**going**が正解になります。

> 正解　**D. going**

(2)「Needless to say」で、「言うまでもなく」という意味になります。連語の知識問題なので、知らない場合は覚えておきましょう。

A：The truth is は「実は」、B：Nonetheless は「それにも関わらず」、D：By the way は「ところで」という意味です。

以上から、**Needless to say**が正解になります。

> 正解　**C. Needless to say**

6 空欄補充 文法

空欄補充

入門問題

📖 **次の空欄に当てはまる最も適切な語を選びなさい。**

(1) 試験勉強を独力で行った。

I studied for exam by [　　].

A. my

B. me

C. mine

D. myself

(2) 彼女は噂話が好きです。なので私は彼女が嫌いです。

She likes to talk about rumors. That's [　　] I don't like her.

A. because

B. what

C. here

D. why

POINT

文法でわからなければ意味で考える

「文法的な」観点で解答する問題です。語順的に、[　　]に入る品詞や適切な活用を判断するのが基本ですが、どうしてもわからなければ意味で考えましょう。

●解答・解説

（1）基本的には、「by myself」で「独力で」という意味の熟語になります。文法的な考察を行うと、前置詞のあとに来るのは、目的格や所有代名詞ですが、今回の場合、**主格と同じ代名詞を入れるため**、「myself」を入れる必要があります。

正解　D. myself

（2）基本的には、「That's why ～」で「そんなわけで～である」という意味になります。文法的には、関係詞を使った内容になるので（That's の補語が存在しないため、文として不完全）、「because」は入りません。同じ理由で、あとに文をつなげることができない「here」も入りません。最後に、what か why になると、「なにが」嫌いなのか、というよりも「なぜ」嫌いなのかを答えているほうが自然ですので、whyが答えとなるでしょう。

正解　D. why

PART **5** 英語能力検査

7 空欄補充
熟語

入門問題

📖 **次の空欄に当てはまる最も適切な語を選びなさい。**

(1) 気づいたら、2時間も遊んでいた。

I [　　] that I have played for two hours.

A. recognized

B. know

C. get known

D. realized

(2) このコンピュータを使うコストと、それによる恩恵について比較した。

We [　　] the cost of using this computer against the benefit from it.

A. thought

B. calculated

C. weighed

D. recognized

POINT

意味から類推する

空欄補充のうち、熟語に関連する内容になります。熟語そのものを知っているのであれば、答えるのには全く問題ありません。

しかし、熟語を知らない場合は、日本語から、熟語を類推する必要が出てきます。

● 解答・解説
- - - - - - - - -

（1）熟語自体は、「realize that 〜」で「〜と気づいた」という意味なので、realizedが正解になります。意味で考えると

A：recognize は「〜と認める」という意味なので不適切です。

B：know は「知っている」という意味なので不適切です。

C：get known は「知られる」という意味なので不適切です。

となり、D以外は誤りと考えられます。

> 正解 　D. realized

（2）熟語自体は、「weigh A against B」で「AとBを比べる」という意味になるので、weighedが正解です。

A：think は「考える」という意味なので、比べていません。

B：calculate は「計算する」なので、比べていません。

D：recognize は「認識する」なので、比べていません。

以上の結果から、C以外は誤りと考えられます。

> 正解 　C. weighed

PART **5**

英語能力検査

8 英英翻訳

入門問題

📖 **次の説明文に合致する単語を、あとの選択肢から選びなさい。**

(1) The system of communication in speech and writing that is used by people of particular country or area.

    A. e-mail

    B. language

    C. population

    D. technology

(2) Connected with or involving two or more countries.

    A. interesting

    B. interrupt

    C. intermediate

    D. international

●解答・解説

（1）説明文を翻訳すると「特定の国や地域で使われる、会話や筆記などの伝達に使われる方式」という意味になります。これに合致するのは「language（言語）」となります。「e-mail（Eメール）」は、会話では使われませんし、「population（人口）」や「technology（技術）」は関係ありません。以上から、languageが正解になります。

> 正解　B.language

（2）説明文を翻訳すると「2つまたはそれ以上の国の関係やつながり」という意味になります。これに合致するのは「international（国際的な）」になります。

「interesting（興味深い）」「interrupt（邪魔をする）」「intermediate（中間の）」の意味は、どれも国が関係しません。

以上から、internationalが正解になります。

> 正解　D.international

9 英文訂正❶

入門問題

📖 次の文のなかで、文法的に間違っているものを選びなさい。

(1) Never ①**had I heard** that many people in Japan ②**could speak** English when I ③**was living** ④**in** Tokyo.

(2) I ①**have lived in** ②**Germany** when I ③**was** ④**a** university student.

POINT

細かい文法よりも、品詞に注目する

英文訂正の問題です。文法の間違いを指摘する必要がありますが、
「簡単な文法で間違えない」ことが大事です。

● 解答・解説

(1)

①直前のNeverを受けて倒置になっているため、問題ありません。

②過去完了に対する時制の一致であるため、問題ありません。

③状態動詞の進行形であるため、誤りです。

④「live」の目的語にするための前置詞であるため、問題ありません。

よって、③が正解となります。

正解 ③

(2)

①過去の経験に対して、状態動詞は過去完了ではなく、過去形を使うため、
誤りです。

②「Germany」は「ドイツ」であるため、問題ありません。

③正しい文章であれば、過去形の時制の一致であるため、問題ありません。

④問題ありません。

よって、①が答えとなります。

正解 ①

PART
5

英語能力検査

10 英文訂正❷

入門問題

📖 次の文のなかで、文法的に間違っているものを選びなさい。

（1）It ①**is surprised** to ②**find that** some inventions of chemistry ③**such as** Harbor Bosch Method ④**have a big impact on** history.

（2）①**As of** yesterday, he was ②**live**, but his condition ③**changed** this morning, and ④**died** around noon.

- - - - - - - - - - - -

（1）

① 「surprise」は「驚かす」という意味であるため、「surprised」では意味が通りません。よって、誤りです。

② 「find that ＋文」で「文であると知る」という意味で、問題ありません。

③ 「〜などの」の意味であり、問題ありません。

④ 「have a big impact on A」で、「Aに大きな影響を与える」となるので、問題ありません。

よって、①が正解となります。

> 正解　①

（2）

① 「as of 〜」は「〜の時点で」という意味なので問題ありません。

② 「生きている」という意味の「live」は、限定用法でしか使えません。「alive」であるはずなので、誤りです。

③ 時系列のなかで過去の話をしているので、問題ありません。

④ ③同様、問題ありません。

よって、②が正解となります。

> 正解　②

11 和文英訳

入門問題

📖 次の日本語の文章と、意味が最もよく似ている英語を、A ～ Dから選びなさい。

私には、2年間のアメリカ留学をした弟がいる。

A. There is a man studying abroad for two years who is my brother.

B. I have a brother who studied abroad in the U. S. for two years.

C. Two years have passed since my brother has been to the U. S. .

D. After two years my brother comes back from the U. S. .

POINT

文章の言葉を逐一訳せているかを確かめる

和文英訳といいながら、選択肢が与えられているので、最終手段と
して選択肢を和訳してみるのも手でしょう。正誤の判断は迅速に行
いましょう。

● **解答・解説**

それぞれの選択肢を和訳すると、以下のようになります。

A. 2年間留学をした男がいて、それは私の弟である。

　　→これでは、2年間留学した男は世界に1人しかいない意味になってし
　　　まいます。

B. 私にはアメリカで2年間留学した弟がいる。

　　→原文に最も近いでしょう。

C. 私の弟がアメリカへ行ってから2年が経過した。

　　→現在進行形でアメリカにいます。

D. 2年後、私の弟はアメリカから帰ってきた。

　　→留学とはいっていないため、不適切です。

以上の内容から、**B**が**正解**となります。

　　　　正解　B

─── 長文読解のポイント ───

日頃から英語に慣れる

攻略方針でも述べましたが、日頃から英語に慣れておくことは非常に重要です。300 語程度の英文なら抵抗なく読める程度になっておくことが、長文問題読解での目標になると考えておきましょう。英字新聞などでネイティブの表現に触れておくことも有効でしょう。

組問題は選択肢をすべてみてから

言語能力検査と同じく、長文問題のほとんどは組問題です。なので、どんな問題があるのかを、事前に把握して、なにを考える必要があるのかをみておきましょう。

また、言語能力と違って、英語の長文問題では、本文との内容一致に関する問題がほとんどですので、どういう内容の文章かをあらかじめ予想できるようになります。

長文読解の攻略方法

問題文を読む

本文を読む

| 問題1を解く |

| 問題2を解く |

| 問題3を解く |

基本的にすべて
内容一致に関する問題

13 長文読解

入門問題

📖 次の文章を読んで、あとの問いに答えなさい。

Nowadays, we have cameras, wallets, and all episodes of fashionable dramas in a pocket. Of course we don't have these things really in pockets, we have them with a device called "smartphone".

The origin of smartphone is "Simon" announced by IBM in 1992. It has a touchscreen and it is not only able to call but also to send mails and faxes, while mobile phones was not able to send mails at that time. After "Simon", some mobile devices using a touchscreen were announced by many electronics company like Ericsson, RIM(blackberry).

A huge impact on mobile devices occurred in 2007. A product which has a big touchscreen and only one button on its front was announced by Apple. Many people purchased iPhone and it became a basis of mobile phone with a big screen and a few buttons.

(1) What was "Simon" superior to a mobile phone in 1992 ?

    A. It can watch a movie with its large screen.

    B. It can call the emergency number.

    C. It can trade stocks or bonds on the internet.

    D. It can send mails or faxes.

(2) Which of the following is true about iPhone ?

    A. It has a large screen and some buttons.

    B. It has a touchscreen and camera.

    C. It has a large touchscreen and one button.

    D. It purchased many people and became a basis of mobile phone.

(3) Which of the following is appropriate for the title of this article ?

    A. Why iPhone became a best-seller ?

    B. A prologue of the history of modern mobile phones.

    C. Huge impact on mobile phones in 2007.

    D. What is the first smartphone ?

解答・解説は次のページ→

● 解答・解説

(1)

"Simon"が1992年の携帯電話と比べて優れている部分について答える問題です。各選択肢をみていきましょう。

A. 大きな画面で映画をみられる。

　→言及がないため、不適切です。

B. 緊急通話に電話ができる。

　→言及がないため、不適切です。

C. 株や債券の取引をインターネットでできる。

　→言及がないため、不適切です。

D. メールやファックスを送ることができる。

　→5行目周辺で言及されており、適切です。

以上のことから、正解はDとなります。

正解　D

(2)

iPhoneについて、正しいものを選ぶ問題です。各選択肢についてみていきましょう。

A. 大きな画面といくつかのボタンがある。

　→誤りです。

B. タッチスクリーンとカメラがついている。

　→事実ですが、本文中では述べられていません。

よって、誤りです。

C. 大きなタッチスクリーンと、1つのボタンがある。

　→本文中でも述べられている内容です。

D. たくさんの人を買い、携帯電話の基礎となった。

　→人を買っていることになっているので、誤りです。

以上のことから、正解はCとなります。

正解　C

（3）

この文章のタイトルとしてふさわしいものを選ぶ問題です。

選択肢を1つずつみましょう。

A. なぜiPhoneはベストセラーになったのか

　→iPhoneだけに限定しているので不適切です。

B. 現代携帯電話の歴史の序章

　→文章の内容に合致しています。

C. 2007年に起きた携帯電話への大きな影響

　→2007年だけに限定しているので、不適切です。

D. 最初のスマートフォンは何か

　→Simonだけに限定しているので、不適切です。

以上のことから、正解はBとなります。

| 正解 | B |

テストセンターの使い回しは
どうやって判断する？

テストセンターの結果は、過去の最新の受検結果を
使い回すことが可能ですが、使い回すかどうかの判断は
どうしたらよいのでしょうか。

　テストセンターの受検を案内された学生のほとんどが迷う
ことになるのが、受検結果を使い回す際の判断基準です。本
書では、以下の基準で判断してよいと考えます。

・自身の回答方針どおりに回答し、問題なく回答ができたと
　き
・すでに５回以上受検していて、伸びしろを感じなくなって
　いるとき

　この基準を設ける理由は、自分の出せる十分な成績を提出
できれば、SPI の攻略はできているといえるためです。この
基準なら、自分の上限を簡単に、素早く判断することができ
ます。

　テストセンターを何度も受検するのは、１セッションに１
時間かかるという意味で時間の無駄であり、可能であれば使
い回しをして、スムーズに選考を進めたいものです。

　テストセンターに限らず、Web テスト全般にいえること
として、「複数回の受検で、問題形式に慣れる」という要素
があります。そのため、テストセンターを利用する企業の選
考を優先的に受けることで、本命企業の選考を受ける前に出
題傾向や問題形式に慣れるようにして、成績の使い回しに
よって選考を突破できるようにしていきましょう。

PART

6

構造的把握力検査

ついに最終章の構造的把握力検査です。
英語能力検査と同様にオプションの能力検査であり、
この検査を受検する人は少ないと思われます。
企業の課している科目を見て、
この科目があることを確認してから
本章を開いてもよいでしょう。

構造的把握力検査とは

POINT

テストセンターでのみ出題される

構造的把握力検査と書くと非常に難しそうに感じますが、簡単にいってしまえば「似ているものをみつけて分ける」というのが基本的な内容になります。テストセンターでのみ出題され、非言語系、言語系の順番で出題されます。

POINT

問題を解くことが主眼ではない

構造的把握力検査においては、選択肢になっている問題を解くことが目的なのではなく、**選択肢の構造が似ているものを探すことが目的**です。
だいたいの場合、問題を解く必要はありませんが、どうやったら解けるのかを考える必要はあります。

非言語系	4つのうちから同じ2つを選ぶ

問題構造の区別

言語系	5つを2つと3つに分ける

文の構造の区別

論理の構造の区別

POINT

素早く解答することが必要

1つの選択肢が簡単な問題になっているにもかかわらず、解答に使える時間は短いため、1つの選択肢を長々と考えている時間はありません。素早く判断をして、仲間分けをするようにしましょう。

1 非言語系❶

入門問題

📖 次のア～エの文章のうち、問題の構造が似ている組み合わせを示しているものをA～Fから1つ選びなさい。

ア：所持金の20%を使ってケーキを買ったところ、6400円が手元に残った。最初の所持金はいくらか。

イ：全社員700人の会社で、10%が営業部に所属している。営業部に所属している社員は何人いるか。

ウ：ある事業をするために、資金を募ったところ、目標額の45%である135万円が集まった。目標額はいくらか。

エ：夏休みの宿題で出た課題図書を全体のページ数で30%のところまで読んだ。残ったページ数が259ページのとき、課題図書は全部で何ページか。

A. アとイ
B. アとウ
C. アとエ
D. イとウ
E. イとエ
F. ウとエ

POINT 何を求める問題かを考える

非言語系の問題では、選択肢の問題を解く際に、どのような式になるのかなどを考えながら式を立てれば、問題の構造を比較することができます。

● 解答・解説

各選択肢について、1つずつ検討していきましょう。

ア：残りの割合から全体を探す問題です。

答えを出す必要はありませんが、式は立てましょう。

$6400 \div (1 - 0.2) = 8000（円）$

となります。

続きは次のページ→

イ：全体から一部分を求める問題です。

式を立てると、

700×0.1＝70（人）

となります。

ウ：一部の割合から全体を求める問題です。

式を立てると、

135÷0.45＝300（万円）

となります。

エ：全体から一部分を求める問題です。

式を立てると、

259÷（1－0.3）＝370（ページ）

となります。

以上の結果より、式の構造が同じものを探すと、アとエが同じ構造をもっていることがわかります。

よって、答えはアとエになります。

正解　C.アとエ

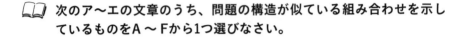

2 非言語系❷

〔受検方式〕
テストセンター ｜ WEB／インハウス ｜ ペーパー

入門問題

📖 次のア〜エの文章のうち、問題の構造が似ている組み合わせを示しているものをA〜Fから1つ選びなさい。

ア：兄は弟の5倍の年齢だが、3年後には3倍になる。このとき、現在の弟の年齢はいくつか。

イ：兄と弟で、貯金の合計は18000円である。兄が弟よりも3000円少ないとき、兄の貯金はいくらか。

ウ：姉と妹で、母への誕生日プレゼントを買った。プレゼントが12000円で、姉が2000円多く払っているとき、妹はいくら支払ったか。

エ：飴がいくつかあり、姉がその中から52%を取ったところ、妹は36個の飴を手に入れた。姉は何個の飴を手に入れたか。

A．アとイ
B．アとウ
C．アとエ
D．イとウ
E．イとエ
F．ウとエ

402

●解答・解説

割合に関する問題が多いので、線分図で整理します。

ア：年齢算といわれる問題です。

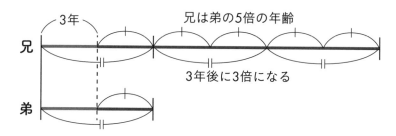

SPIの非言語編では扱っていなかったので、簡単に解説すると、
現在の弟の年齢を①とすると、兄は⑤となります。3年後の（①＋3）歳と、
兄の（⑤＋3）歳を比べると、3倍の差になります。この式を考えると

$$3 \times (①＋3) ＝ ⑤＋3$$

という式になります。

続きは次のページ→

イ：いわゆる「和差算」という問題です。

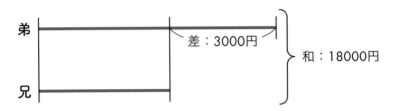

この問題で、兄の貯金を求める際には、兄の線分図の長さに注目して、求めます。

　（18000－3000）÷2＝7500（円）

ウ：これも、「和差算」になります。支払った額を線分図にしましょう。

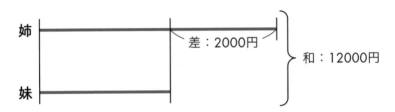

式も同じく、

　（12000－2000）÷2＝5000（円）

となります。

エ：残った数からもう一部分を求める問題です。

妹が手に入れた飴の割合から、姉が手に入れた飴の割合を出すので、式は、

$$36 \div (1 - 0.52) \times 0.52 = 39 (個)$$

となります。

以上の結果より、式の構造が同じものを探すと、イとウが同じ構造をもっていることがわかります。

よって、答えはイとウになります。

正解　D. イとウ

3 非言語系❸

入門問題

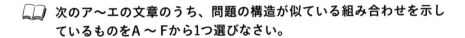 次のア～エの文章のうち、問題の構造が似ている組み合わせを示しているものをA～Fから1つ選びなさい。

ア：1つ80円のみかんと、1つ100円のりんごを合わせて20個買ったところ、1760円になった。りんごは何個買ったか。

イ：大小2つのポンプを使って、水槽に水を注ぐ。水槽を満たすのに大きなポンプでは30分、小さなポンプでは120分かかるとき、2つのポンプを使うと何分で水槽が一杯になるか。

ウ：130km離れた地点まで、20km/hで出発したが、予定に間に合わないため、35km/hに加速したところ、予定どおり5時間で到着した、何時間経ったときに加速したか。

エ：ある日、日帰りの旅行で、行きは40km/hで、帰りは60km/hで移動した。平均の速さはいくらか。

A．アとイ

B．アとウ

C．アとエ

D．イとウ

E．イとエ

F．ウとエ

●解答・解説

単位当たりの量、速さの2種類があります。

のひのひ表や線分図を使って整理しましょう。

※速さの問題が2問だからといって、同じ構造とは限りません。

ア：のひのひ表で整理すると、下のようになります。

	単価	×	個数	=	合計
みかん	80円	×		=	
りんご	100円	×		=	
			合計20個		合計1760円

すべてみかんであったとすると、合計は1600円になります。1つをりんごにすると、20円増えるので、1760円に足りない分だけ、りんごが増えます。

　（1760−80×20）÷（100−80）＝8（個）

この計算を、いわゆる**つるかめ算**といいます。

続きは次のページ→

イ：**仕事算**の問題なので、のひのひ表で整理します。

	1分当たり	×	時間	=	合計
ポンプ小		×	120分	=	
ポンプ大		×	30分	=	
両方		×		=	

同じ

全体を⑫と置くことで、解答できます。

⑫÷（⑫÷120＋⑫÷30）＝24（分）

ウ：速さの線分図で整理しましょう。

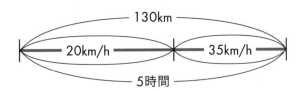

この場合、線分図だけではなにもわからないので、原点になるのひのひ表にして考えましょう。

	速さ	×	時間	=	距離
途中まで	20km/h	×		=	
途中から	35km/h	×		=	
			5時間		130km

すべて20km/hのとき、100km走ります。1時間35km/hにすると、15km増えます。130kmになるためには、

$$（130-20×5）÷（35-20）=2（時間）$$

となります。これは、**つるかめ算**と同じです。

エ：**平均**の話なので、のひのひ表で整理しましょう。

	速さ	×	時間	=	距離
行き	40km/h	×		=	
帰り	60km/h	×		=	
平均	☐km/h				

平均の速さを出すので全体を⑫⓪と置いて考えます。

$$⑫⓪×2÷（⑫⓪÷40+⑫⓪÷60）=48（km/h）$$

以上のことから、**つるかめ算**という考え方が同じなので、**ア**と**ウ**が同じ構造であるとわかります。

正解　B.アとウ

4 言語系❶

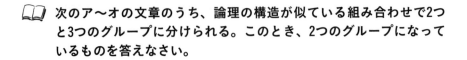

入門問題

次のア～オの文章のうち、論理の構造が似ている組み合わせで2つと3つのグループに分けられる。このとき、2つのグループになっているものを答えなさい。

ア：ガラスを割ったので、家主に怒られる。

イ：みんなの協力があるので、辛くても頑張れる。

ウ：良い素材を使っているので、誰でもおいしく食べられる。

エ：粘液がついているので、動くほど足をとられる。

オ：シマウマが遅かったので、ライオンに食べられる。

A. アとイ

B. アとウ

C. アとエ

D. アとオ

E. イとウ

F. イとエ

G. イとオ

H. ウとエ

I. ウとオ

J. エとオ

POINT

5つに共通する構造が、違いの原因

言語系の問題は5つの選択肢を2つと3つのグループに分類し、2つのグループになる部分を選ぶのですが、この仲間分けをするうえでカギとなるのが、「5つの選択肢に共通する構造」です。

●解答・解説

5つの選択肢に共通する「～ので、～れる」に注目しましょう。

ア：原因があり、その後、**被害**を受けています。
イ：原因があり、その後、**可能**の意味があります。
ウ：原因があり、その後、**可能**の意味があります。
エ：原因があり、その後、**被害**を受けています。
オ：原因があり、その後、**被害**を受けています。

以上の内容から、2つのグループになっているのはイとウになります。

正解　E.イとウ

5 言語系❷

入門問題

📖 次のア～オの文章は、料理に関する説明の文章である。これらの文章を2つと3つのグループに分けたとき、2つのグループに当てはまるものを答えなさい。

ア：カレーは、インドやネパールなどで食べられている。

イ：寿司は、米と生魚などが使われる料理である。

ウ：ハンバーガーは、ハンバーグとバンズでできている。

エ：ボルシチは、ロシアの伝統的な郷土料理である。

オ：ピザは、トマトやチーズなどが使われる。

A.アとイ

B.アとウ

C.アとエ

D.アとオ

E.イとウ

F.イとエ

G.イとオ

H.ウとエ

I.ウとオ

J.エとオ

●解答・解説

料理に関する説明の文章なので、その説明の内容について注目をしましょう。

ア：カレーが**食べられている地域**の話題です。
イ：寿司に**使われている材料**の話題です。
ウ：ハンバーガーに**使われている材料**の話題です。
エ：ボルシチが**食べられている地域**の話題です。
オ：ピザに**使われている材料**の話題です。

以上のことから、2つのグループになっているのは、アとエです。

正解　C.アとエ

入門問題

📖 次のア〜オで記されたY君の発言は、論理的に誤っている。誤り方の種類で2つと3つのグループに分けたとき、2つのグループのほうを示している選択肢を答えなさい。

ア：X「私は文系だ」
　　Y「あなたは数学が苦手だもんね」
イ：X「カバは哺乳類である」
　　Y「肺呼吸だもんね」
ウ：X「ピザはカロリーが高い」
　　Y「みんなが好きな料理だもんね」
エ：X「ダイヤモンドは価値が高い」
　　Y「加工するのが難しいからね」
オ：X「この企業はホワイト企業だ」
　　Y「平均所得がとても高いからね」

A. アとイ
B. アとウ
C. アとエ
D. アとオ
E. イとウ
F. イとエ
G. イとオ
H. ウとエ
I. ウとオ
J. エとオ

●解答・解説

X君の発言に対して、Y君の発言がどのような内容になっているのかを検討しましょう。

ア：Y君がいっているのは「**理由の一部**」です。「数学が苦手」だからといって「文系」とはなりません。

イ：Y君がいっているのは「**理由の一部**」です。「肺呼吸」だからといって「哺乳類」ではありません。

ウ：Y君がいっているのは「**別の事実**」です。ピザに関する情報として、X君とは全く異なることをいっています。

エ：Y君がいっているのは「**別の事実**」です。ダイヤモンドに関する情報として、X君とは全く異なることをいっています。

オ：Y君がいっているのは、「**理由の一部**」です。「平均所得が高い」からといって、「ホワイト企業」とは限りません。

以上のことから、2つのグループになっているのは、ウとエです。

正解　H. ウとエ

■著者紹介■
**就活塾ホワイトアカデミー
採用テスト対策室**

ホワイトアカデミーは、一流・ホワイト企業内定率100%の就活塾。「ひとりひとりに、最高のファーストキャリアを」をミッションとして学生の就職活動の支援を行なっており、就活塾ランキング.comでは口コミランキングで1位を獲得。仮に一流企業やホワイト企業に内定できなかった場合は授業料を全額返金する制度が特徴的で、昨年度の一流・ホワイト企業への内定率は100%。講師は東大卒の社会人や一流企業役員経験者、創業社長などで構成されており、雑誌やTVでも話題となっている。なかでも採用テスト対策室は、学生の論理力や思考力を向上させることを目的としており、具体的業務としては採用選考におけるSPIなどの採用テストへの対策と、グループディスカッションやグループ面接の対策などを行なっている。

装丁：若井夏澄
本文デザイン：東京100ミリバールスタジオ
本文DTP：中央制作社
イラスト：ハザマチヒロ
編集制作：須藤和枝（ヴュー企画）
営業：佐藤望（TAC出版）
編集統括：田辺真由美（TAC出版）

**2026年度版
SPI3の教科書 これさえあれば。**

2024年1月20日 初版 第1刷発行

著者	就活塾ホワイトアカデミー 採用テスト対策室
発行者	多田敏男
発行所	TAC株式会社 出版事業部（TAC出版）
	〒101-8383東京都千代田区神田三崎町3-2-18
	電話 03 (5276) 9492（営業）
	FAX 03 (5276) 9674
	shuppan.tac-school.co.jp
印刷	株式会社 光邦
製本	東京美術紙工協業組合

©TAC 2024
Printed in Japan
ISBN 978-4-300-11045-4
N.D.C. 377